名师名校名校长

凝聚名师共识
回应名师关怀
打造名师品牌
培育名师群体

　　　　　程明造景

基于"情境"教学的读与写

崔艳茹　杨雪冬　著

陕西师范大学 出版总社　西安

图书代号　JY24N1964

图书在版编目（CIP）数据

基于"情境"教学的读与写 / 崔艳茹，杨雪冬著.

西安 ：陕西师范大学出版总社有限公司，2024. 9.

ISBN 978-7-5695-4664-4

Ⅰ. G633.302

中国国家版本馆CIP数据核字第2024L7Q573号

基于"情境"教学的读与写

JIYU "QINGJING" JIAOXUE DE DU YU XIE

崔艳茹　杨雪冬　著

出 版 人	刘东风	
出版统筹	杨　沁	
特约编辑	刘海燕	
责任编辑	张　甜　于立平　李广新	
责任校对	王　越	
封面设计	言之凿	
出版发行	陕西师范大学出版总社	
	（西安市长安南路199号　　邮编 710062）	
网　　址	http://www.snupg.com	
印　　刷	北京政采印刷服务有限公司	
开　　本	710 mm×1000 mm　　1/16	
印　　张	15.75	
字　　数	172千	
版　　次	2025年3月第1版	
印　　次	2025年3月第1次印刷	
书　　号	ISBN 978-7-5695-4664-4	
定　　价	58.00元	

读者使用时若发现印装质量问题，请与本社联系、调换。

电话：（029）85308697

目 录

绪 论

基于"情境"教学的读与写……………………………………… 2

上 篇　阡陌纵横万亩连

初中生名著名篇阅读实践研究………………………………… 26

信息技术支撑下的以情境微写作驱动"革命传统文化"名著

　　　阅读的实践研究………………………………………… 38

拓展基于初中学生语文素养的课外阅读……………………… 45

基于新课程标准的初中语文情境教学探索…………………… 54

跟名著名篇学写作……………………………………………… 63

创新作文方法之我见…………………………………………… 73

基于"情境"设置的仿写……………………………………… 80

"单元导读""预习"和课后练习"三结合"做好教学设计…… 90

从文学作品中塑造的形象观照作家情感世界………………… 97

文法诗心，大道至简…………………………………………… 103

篇篇锦绣，字字珠玑 ……………………………………… 109

基于真实教学情境的语言修炼 …………………………… 113

他山之石，可以攻玉 ……………………………………… 119

初中语文古典小说整本书阅读教学方法探索 …………… 127

基于传统文化传承的初三古诗文复习策略 ……………… 131

辛勤的"蜜蜂"永没有时间的悲哀 ……………………… 137

下 篇 绝知此事要躬行

危机文明，亦幻亦真 ……………………………………… 146

让我们一起来聊聊爱情 …………………………………… 152

简约之中蕴丰富，反复里面味无穷 ……………………… 158

走进白洋淀，赴一场诗意之旅 …………………………… 163

《西游记》之趣经女儿国 ………………………………… 167

跟着名家学经典 …………………………………………… 172

名著我来讲 ………………………………………………… 178

科举制度下的百态儒生 …………………………………… 181

在人生的十字路口眺望 …………………………………… 185

从"乐园"到"失乐园" ………………………………… 189

从似曾相识到入木三分 …………………………………… 197

一夜梨花雪，千古送别情 ………………………………… 202

再走老山界，重温革命情 ………………………………… 208

把握议论性文章中作者的立场态度 ……………………… 211

台阶上的父亲……………………………………………… 216

从文学情境中的意象谈诗歌鉴赏……………………… 219

沉醉山水田园情境中的陶渊明………………………… 226

走进烽火硝烟的文人边塞诗…………………………… 235

绪　论

基于"情境"教学的读与写

一、基于"情境"教学的读写理论

（一）"情境"教学的重要性

随着课程改革的不断深入，语文教学越来越注重培养学生在真实情境中综合运用语言文字的能力。2022年4月，教育部颁布了《义务教育语文课程标准（2022年版）》（以下简称《2022版语文课标》），强调"增强课程实施的情境性和实践性，促进学习方式变革"，"学习情境的设置要符合核心素养整体提升和螺旋发展的一般规律"，"情境"成为《2022版语文课标》中的热门词。《普通高中语文课程标准（2017年版2020年修订）》强调要培养学生在复杂情境中的语文运用能力。从义务教育阶段到高中阶段，语文课程标准中都有对情境的相关描述，可见情境对语文课程的重要性。具体来说，语文教学要联系学生现实生活，努力创设富有时代性的、与学生生活紧密联系的、多样化的真实学习情境，布置具有挑战性，能激发学生好奇心、想象力的任务，激发学生的学习兴趣，唤起学生的探究欲望。

真实、富有意义的实践活动情境是学生语文学科核心素养形成、发展和表现的载体。创设真实而有意义的学习情境，在情境中引出学习任务，激发学生的学习兴趣，引导学生沉浸到学习情境中，主动积极地阅读与思考、表达与探究，有利于激发学生主动探究的意识，真正实现学生对知识的理解与应用，凸显语文学习的实践性，从而实现从"以教为主"到"以学为主"的理念转变。

关于情境教学，早有相关的理论。我国最早开展情境教学研究的是李吉林老师，她构建了具有中国特色和时代气息的情境教育理论和实践体系，将外语教学中的情境教学创造性地应用于小学语文课堂中，并形成了适应中国语文课程的情境教育理论体系与操作体系。她认为，情境教育要顺应儿童天性，在教育过程中才能产生积极情感，学习活动才是有意义的。李老师受我国"意境说"的启发，提出了"真、美、情、思"四大情境元素，创建了将儿童情感活动与认知活动结合起来的情境教育模式。这种教育模式把认知与情感、学习与审美、教育与文化融合起来，并且在综合性语文课堂中体现得淋漓尽致。此外，她还提出，在进行情境设计时要注意形式上的创新性和内容上的生动性。

杨再隋教授在《李吉林情境教育的时代特征》中指出："情境教育找准了传统文化和现代文化的契合点，活化了传统文化，使之为当代教育服务，又注意吸纳世界多元文化，拓宽儿童教育的文化视野，导引中华文化和世界文化的沟通。"

肖培东老师认为，情境教学作为一种教学方法、手段，在教学中适当应用是有益的。情境教学要把语文学习对象、内容本身所构筑的"情境"作为根基，要真实地服务于文本教学，与教学目标保持一致。在展开情境教学时，要以文本本身的情境为核心，贴近文本的体式与蕴含的情境色彩，在文本所塑造的人、事、景、物的丰富世界中充分感受、联想、想象。创设的情境与文本的教学目标要有关联性，要指向文本的深入理解，否则就消解了文本阅读的意义，脱离了语文教学的根植语境。

1989年，布朗、柯林斯和达吉德提出了"情景教学"的概念，他们认为传统的教学实践暗含了这样一种假定——"概念知识"可以从学习和应用情境中抽象出来，而这种假定极大地限制了教学实践的有效性。为了打破这种限制，他们提出了"通过情景活动来合成知识"的结论。在情景教学理论中，情景指与学习主题相关的社会文化背景，是一种具有教学功能的环境因素。情景教学则是教师从教学需要出发，依据一定的教学目标，创设特定的情景，以激发学生的兴趣、情感和思维，达成教与学的最佳效果。情景教学理论意在通过特定的人际、教育氛围，把教与学、认知与情感、抽象思维与形象思维、指导与非指导等因素加以协调、平衡与整合，以缩短师生之间的心理距离，促进学生主体角色的形成，从而激发学生学习的主动性、积极性和创造性，引发教学共振，提高教学质量和教学效果，推动教学目标的有效实现。

情境认知学习理论强调知识对"情境"的依附性，认为对于知识的学习，绝不仅仅是对语言符号的死记硬背，学习的发生一定是在特定的情境中进行的。该理论主张知识的建构，认为学生的认知结构是在精心创设的问题情境中通过独立思考、合作探究、主动学习而逐步建构起来的。在这一过程中，学生并不是知识的被动接受者，而是学习的主动参与者，学生在具有导向性的问题情境中可以很快锁定所要学习的内容并根据任务的引导自主解决问题，学生的素养和能力便在解决问题的过程中逐渐培养起来。在这一理论的指导下，知识与情境巧妙地融合在一起，在真实、可感的具体情境中学习，学生对知识的迁移运用能力，知识的实践性都得到了增强，知识不再是书本上的枯燥文字，而转化为真正能够运用的能力。

建构主义学习理论认为："学习者是自己的知识建构者，他们的知识建构活动直接决定着教学效果，因此他们是学习的主人，教师的核心作用不在于给学生传递知识，而在于如何引发和促进学生的知识建构活动。"在传统教学中，教师是知识讲授的绝对权威中心和教学活动的主体，因此，教师总是习惯从自己的角度出发来要求学生应该掌握些什么知识，也总是支配学生的思想和行为。教师希望学生朝着自己期望的方向发展，自己在课堂上给学生们教什么，学生就应该学会什么；自己想要学生达到一个什么样的层次高度，学生的学习成绩就应该达到一个什么样的层次高度。而建构主义理论则要求建立一个满足信息社会要求的新的教学思想和教学模式，这也为情境教学提供了理论基础。

来自比利时的教育家易克萨维耶·罗日叶提出的"整合教学法"格外关注学生能力的培养和发展，强调发挥学生的主体性，以能力为导向，关注学习过程，鼓励学生将已经内化了的知识通过整合变为新的学习资源，来应对复杂的问题情境。整合教学法为情境教学研究提供了有力的理论依据，认为能力是个体为了解决某一问题情境，以内化的方式调动已被整合了的一整套资源。

学生通过学习掌握一般的知识和技能，经过内化整合掌握具体的能力，以应对不断出现的复杂的具体情境。

除了上述的一些理论，我想，任何教学理论都不能脱离教学实际，更不能脱离考试趋势。初中语文情境教学是有助于顺应考核评价方式的新趋势的。课程理念的不断革新催生了教育教学方面的一系列变化，在教学评价方面更加提倡"教—学—评"的一致性，在初中语文教学中进行情境教学就顺应了这一趋势。《2022版语文课标》明确指出，"考试命题应以情境为载体"，命题应"创设新颖、有趣、内涵丰富的情境，设计多样的问题或任务，激发学生内在动机和探究欲望"。此外，新课标还主张命题材料的选取要兼具时代性、典型性与多样性，要能体现问题或任务的对象、目的、要求，能够为学生完成任务提供背景材料和知识支架。因此，在初中语文教学中进行情境教学设计顺应了当前语文考核评价方式发展的新趋势，使得教、学内容与考核方式相一致，可以提高学生在具体问题情境中运用语言、思维分析问题、解决问题的能力。

在新课程标准中，情境化教学占有如此重要的地位，那么教师如何去落实呢？首先，我们应该认识到阅读的重要性。阅读是语文教学的重中之重，情境化教学更主要的是指向情境化的阅读教学。因为阅读是自由的、广泛的、包罗万象的，阅读不仅是获取知识的途径，更是一种思维的锻炼和视野的拓展，阅读是情境化教学的最好载体。教师只有认识到位了，找到合适的阅读理论支撑，才能更好地指导学生阅读。

（二）阅读教学的重要性

关于阅读，《2022版语文课标》也有很重要的表述。它强调要体现学习资源的新变化，"鼓励自主阅读、自由表达"，"倡导少做题、多读书、好读书、读好书、读整本书，注重阅读引导，培养读书兴趣，提高读书品位；充分发挥现代信息技术的支持作用，拓展语文学习空间，提高语文学习能力"。

统编初中语文教材主张以读书为主，以读书为要。统编语文教材总主编、北大中文系温儒敏教授强调，语文的功能不光是提高读写能力，最基本的是培养读书的习惯。语文教学改革要重视精读与泛读（略读）结合，并且一定要指向课外阅读，把课堂教学引申到课外，和学生们的语文生活联系起来，加大课外阅读，鼓励"海量阅读"。

《全国青少年学生读书行动实施方案》（教育部、中央宣传部、中央网信办、文化和旅游部、中华全国总工会、共青团中央、全国妇联、中国科协2023年3月27日联合发布）总体要求中提到，"通过3到5年的努力……'书香校园'建设水平显著提高，青少年学生阅读激励机制建立健全，校内外阅读氛围更加浓厚；广大青少年学生阅读量明显增长，阅读兴趣、阅读能力持续提升，为养成终身阅读习惯打好根基"，"注重激发读书兴趣。充分调动青少年学生读书热情，引导其在读书中享受乐趣、感悟人生、获得成长，有效防止增加师生及家长额外负担，坚决克服功利化倾向"，"创新读书载体，完善长效机制，推动青少年学生读书行动有效开展"。同时强调要丰富学生读书内容，加强数字资源建设，"充分发挥数字化支撑作用，开设国家智慧教育读书平台，提供优质数字阅读资源，丰富阅读形式。有效利用'学习强国'、中国语言文字数字博物馆及各地各校数字平台，加强适宜、优质、多样、健康的阅读资源建设，服务学生处处可读、时时能读"。

《全国青少年学生读书行动实施方案》还指出要健全读书长效机制。各级各类学校要将青少年学生读书行动与教育教学有机结合，鼓励学校开设阅读课。结合各学科课程教学和跨学科主题教学活动，有针对性地指导学生阅读相关课内外读物，重视"整本书"阅读、沉浸式阅读。义务教育学校要将读书行动纳入"双减"工作，严格控制书面作业总量，为学生阅读创造空间，并在学校课后服务中开设阅读活动项目。读书行动对学生不设硬性指标，不以考试、"打卡接龙"等方式检验读书数量和效果，不增加学生、教师及家长负担。

基于以上研究不难发现，国家对青少年的阅读提出了很高的期待，一方面要大量阅读，另一方面要高质量阅读。无论从哪个方面来说，都对广大一线教师提出了更高的要求。因此我们可以结合新课程标准中关于情境化和阅读的要求，将两者有机融合，创设情境，引导学生大量阅读。当然，也要加强对学生阅读的指导。学校更要加强阅读指导队伍建设，建立健全学生阅读指导机制，开好阅读指导课，定期举办学生阅读指导活动，帮助学生掌握科学的阅读方法。

目前，初中语文阅读教学大多还停留在传统教学模式中，注重程式化训练，忽视对学生语文阅读兴趣、阅读能力、创新能力的培养。多数学生仍处于一种被动读书状态，阅读量少，不爱阅读，不会阅读，阅读的积极性和主动性难以有效发挥出来。在此背景下，我们力图改变传统的以教师为中心的阅读教学模式，运用信息技术为学生提供更多的阅读素材和阅读渠道，激发学生的阅读兴趣，扩大其阅读面，增加其阅读量，提高其阅读品位。鼓励学生在情境化阅读中产生自己独特的感悟和体会，鼓励学生根据情境进行创意表达，进而提高学生的阅读能力和表达能力。

教师还可以举办读书心得报告会、主题班会，组织开展读书征文、手抄报、演讲、朗诵等多种活动，或通过学校电视台、广播站和新媒体平台，在真实广泛的情境中展示学生阅读成果，从而提高学生阅读的信心。

开展情境化阅读，既要能提升学生阅读素养，也要符合学生认知规律。《2022版语文课标》对第四学段名著名篇的阅读提出了明确目标与具体要求。

"阅读与鉴赏"：

欣赏文学作品，有自己的情感体验，初步领悟作品的内涵，从中获得对自然、社会、人生的有益启示。能对作品中感人的情境和形象说出自己的体验，品味作品中富于表现力的语言。

每学年阅读两三部名著，探索个性化的阅读方法，分享阅读感受，开展专题探究，建构阅读整本书的经验。感受经典名著的艺术魅力，丰富自己的精神世界。

能利用图书馆、网络搜集自己需要的信息和资料，帮助阅读。学会制订自己的阅读计划，广泛阅读各种类型的读物，课外阅读总量不少于260万字。

发展型学习任务群"文学阅读与创意表达"：

注意整合听说读写，引导学生综合运用朗读、默读、诵读、复述、评述等方法学习作品。……鼓励学生在口头交流和书面创作中，运用多样的形式呈现作品，发挥自己的创造性；引导学生成长为主动的阅读者、积极的分享者和有创意的表达者。

拓展型学习任务群"整本书阅读"：

开展多样的读书活动，丰富、拓展名著阅读。借助多种媒介讲述、推荐自己喜欢的名著，说明推荐理由；尝试改编名著中的精彩片段；结合自己的阅读体会，尝试撰写文学鉴赏文章。

……应创设自由阅读、快乐分享的氛围，善于发现学生阅读整本书的成功经验，及时组织交流与分享；善于发现、保护和支持学生阅读中的独到见解。

整本书阅读教学，应以学生自主阅读活动为主。引导学生了解阅读的多种策略，运用浏览、略读、精读等不同阅读方法。设计、组织多样的语文实践活动，如师生共读、同伴共读，朗诵会、故事会、戏剧节，建立读书共同体，交流读书心得，分享阅读经验。

根据开展读书活动的实际需要，合理推荐和利用适宜的学习资源，如拓展阅读的书目、参考资料，以及相关音频、视频作品等，激发学生的阅读兴趣，丰富阅读体验，拓宽阅读视野。借助信息技术为学生拓展学习空间，提供写作、展示、研讨和交流的平台。

（三）重视读者主体意识

我们要认识到阅读主体意识与阅读期待的重要性。依据"读者反应理论"，阅读召唤意义苏醒，阅读是"深化的实践"。

阅读召唤意义苏醒表现在读者或观众地位的提高，强调"意识"对每个个体阅读的影响。阅读是"深化的实践"来自斯坦利·费什的理论，由于阅读的"深化实践"受到当下社会话语的约束，每一位读者在接受信息时都受到自我意识、社会、政治、文化话语、社会道德规范的支配。

读者反应理论认为，意义是在阅读中发生的——它并不作为文本中预设的因素而存在。阅读不是为了偷懒：当读者要穿过文本时，他不得不去创造关联，填补裂缝，做出推理，提出假设。波兰文学理论家罗曼·英伽登认为，文本不过是一系列的图式——可预料的或习惯性的图式，读者带着"前理解"这种一整套语境和信念与期待来进行阅读，并对这种图式进行阐释并使之形成有意义的语言。这种观念认为阅读中有三个相互关联的世界：作者的世界、文本的世界与读者的世界。

读者反应理论有利于学生自主阅读能力的培养，让学生在阅读中形成自主意识，成为有主体意识、有主见且能主导行动的人。然而目前由于过度关注作品的作者意图或教师将自己的解读强加于学生身上，导致学生自主阅读能力培养出现不少问题，如强调标准化答案，忽视学生个性化的解读；强调作者意图，忽视学生的解释权和阅读体验；过度提供阅读支架，漠视学生的主观能动性。

因此，曹丽燕提议要基于读者反应理论进行阅读教学，读前激活先在知识，形成读者阅读期待；初读珍视阅读初感，提高读者主体意识；深读加强文本对话，促进读者意义建构；读后重视同伴交流，丰富读者阅读体验；拓展深化读后探索，拓宽读者期待视野。

（四）重视同伴之间的交流与影响

米尔斯研究了互动性重要他人对儿童社会化的影响，重要他人随儿童年龄阶段的变化，呈现"家长—教师—同辈伙伴—无现实存在的重要他人"的演变趋势。斯泰西认为，知识的获取深植在人与人之间的交流关系中，是一个关系性的过程，知识是一种对话沟通的行为，而学习会在人们的互动关系发生改变时发生。

教育社会学研究发现，同龄人，特别是同龄人中关键人物的阅读倾向往往会对学生阅读选择产生重要的影响。系统的教学机制可以塑造学生阅读发展过程中的"关键他人"。例如，在名著名篇读写过程中，让学生录制好书推荐视频、好文推荐语，让学生对名著名篇进行仿写、改写、续写，写读后感等，既是对小作者的鼓励，带有很强的示范效应，又可促进学生的阅读交流。通过一部分同学的带动作用，在学生群体中营造积极健康的阅读"亚文化"（与主文化相对应的非主流的、局部的文化现象，指在主文化或综合文化的背景下，属于某一区域或某个集体所特有的观念和生活方式），引领良好的阅读风尚。

二、基于"情境"教学的读写实践

在课堂上开展阅读教学，教师一定要预设情境目标。我们在推广阅读的过程中，为了激发学生的阅读兴趣，利用信息技术来创设情境、启发思考、拓展阅读资源，实现多重交互、自主探究、协作学习等，形成一种既能发挥教师主导作用又能充分体现学生主体地位的教与学方式，把学生的主动性、积极性、创造性较充分地发挥出来，让学生真正热爱阅读，从阅读中受益。

为了不给学生增加更多的任务量，我们围绕《2022版语文课标》规定的篇目及统编初中语文教材文本阅读篇目，开展阅读教学实践，同时，我们收集整理课外阅读推荐篇目，放到公众号上，方便师生随时阅读。

（一）统编初中语文教材推荐名著的阅读

统编初中语文教材推荐名著有12部，推荐自主阅读名著有24部。必读名著的资源很多，老师们进行了较多的研究，将重心放在了24部推荐自主阅读名著上。自主阅读名著以学生课外阅读为主。在开始阅读前，利用信息技术，让学生录制视频进行好书推荐，以激发学生的阅读兴趣，促进学生阅读。同时，教师教给学生名著整本书阅读的策略，如选择性地进行精读、专题探究的堂上阅读指导等。

将整本书阅读分成三个阶段指导学生自主阅读：泛读全书，自主通览——精读一篇，体悟鉴赏——跳读勾连，专题探究。同时，为了更好地激发学生的阅读兴趣，培养学生的创新精神与实践能力，将学生的阅读生成通过信息技术在公众号进行展示。

下面，以指导学生开展《契诃夫短篇小说选》名著阅读为例进行详细说明。

（1）学生先泛读全书，自主通览，制订阅读计划，圈点批注交流。

（2）教师精选其中一篇，进行精读指导，以点带面，以单篇带整本，进行阅读指导，帮助学生解决阅读理解中的困惑和障碍。如以《契诃夫短篇小说选》中的《苦恼》为例，指导学生阅读，思考以下三个问题。

① 马车夫约纳先后多次找人倾诉失去儿子的痛苦，这些人分别是怎样的反应？完成图表。

② 文中哪一处对约纳苦恼的描写让你印象最深刻？在文中进行勾画批注。

③ 你觉得约纳最后找到倾诉的对象了吗？你怎么理解小说的结尾？

三个问题引导学生把握小说情节及情节特点，关注小说的环境描写及语言特点，分析小说的结尾，进而把握小说主题。

（3）跳读勾连，专题探究。

专题探究是整本书阅读的一种重要方式。做好专题探究，首先要学会选择有价值的探究内容，聚集到某一问题上，而这一问题要能促使学生由文本浅层走向文本深层。专题探究一般可以从人物形象、情节结构、艺术手法等方面进行。以《契诃夫短篇小说选》为例，可从契诃夫笔下的"小人物"角度进行人物形象探究，或从反复式情节结构上进行勾连探究，还可以从细节刻画、环境描写、夸张对比等方面进行艺术手法的探究。

（二）统编初中语文教材课后推荐篇目的阅读

统编教材中的很多课文后面附有推荐阅读的篇目，这些篇目教材中没有，学生要自己去找资源，因此给阅读带来一定的困难。于是，我们将课后推荐阅读的篇目按年级分篇目整理，指导学生为这些文章写推荐语，发布到公众号，方便广大师生调取资源进行同步阅读；同时也给学生一个展示自己阅读体悟的平台，让学生有阅读的成就感。以统编教材七年级下册为例，推荐阅读名著有两部——《骆驼祥子》《海底两万里》；推荐自主阅读名著有四部——《红岩》《创业史》《基地》《哈利·波特与死亡圣器》；课后推荐阅读篇目有《太阳吟》、《死水》、《静夜》、《黄河大合唱》（第三部分《黄河之水天上来》）、《大渡河畔英雄多》、《越过夹金山，意外会亲人》、《山海经》、《怀念圣陶先生》、《丁香结》、《燕园树寻》、《好一朵木槿花》、《人类的群星闪耀时》（《滑铁卢的一分钟》）、《黄金国的发现》、《越过大洋的第一次通话》、《朝闻道》、《星》、《真名实姓》等。收集这些阅读篇目，形成数字资源，为学生处处可读、时时能读服务。

统编教材课后推荐阅读的文章，旨在促进学生阅读，不增加负担，注重学生个人体悟。为体现新课标强调的"鼓励学生在口头交流和书面创作中，运用多样的形式呈现作品，发挥自己的创造性；引导学生成长为主动的阅读者、积极的分享者和有创意的表达者"，"借助信息技术为学生拓展学习空间，提供写作、展示、研讨和交流的平台"，在信息技术支撑下的名篇阅读策略注重自主阅读、积极分享与创意表达。学生阅读课后推荐阅读的篇目，选择性地以"词句摘抄""我的仿写""好文推荐"等方式做读书笔记，然后筛选学生写的"好文推荐"在公众号发布，进行展示与交流。

（三）创设情境，改编课本剧

为了激发学生的阅读兴趣，我们还采用创设情境，让学生进入文本的方法，也就是将名著改编成课本剧进行表演。课本剧是一门综合性的表演艺术，演员要根据故事情节，合理地运用语言、表情、肢体、情感等，综合文学、美术、音乐、舞蹈等艺术表现形式，生动形象地将课本故事最原始最真实的一面展现给观众。表演课本剧要求学生熟悉作品，对所表演的章节片段进行精读，产生深入的理解和体悟，才能准确地表演。

因此，课本剧表演是促进学生精读名著的一种有效方式。九年级下册教材第五单元，有专门的关于戏剧的"活动·探究"内容，设置了"阅读与思考""准备与排练""演出与评议"三个任务，要求学生"阅读优秀剧本选段，在此基础上，自主选择合适的剧本，分配角色，合作排练，尝试戏剧演出，给初中生活留下美好的回忆"。鼓励学生阅读名著，自主选择经典情节、篇目改编成课本剧，既能加深学生对名著名篇的理解，又能让学生体验舞台表演的乐趣。

（四）以写促读，读写一体

引导学生在阅读实践中建构、生成，是提高学生名著名篇阅读质量的一种重要方式。阅读是输入，写作是输出。学生整体感知、深入研读经典名著是理解与建构的过程；结合自己的经历、体验撰写读后感、批注、书评，对名著进行仿写、续写、改写等，则是语言运用的过程。读写结合可以加深学生对作品的理解，促进学生写作能力的提升。受人生阅历、生活经验、阅读视野等限制，初中生仅仅通过抽象化的书面阅读，很难深刻体验文本中蕴蓄的艺术构思和情感波澜，但通过读写实践活动，学生可将阅读的理性思考转化为感性经验，并在这种转化的过程中实现阅读的重构和创生。

"以写促读，读写一体"具体来说有以下几种教学方式。

1. 情境创设，评写感悟

对于一些年代久远，学生读起来有距离感的文本，可创设情境，让学生在具体的情境任务中，以写促读，更好地理解文本内容。以统编教材七年级上册推荐自主阅读的名著《白洋淀纪事》为例，可设置"跟着书本去旅行——白洋淀红色之旅"的研学活动情境。在此情境下，分三个专题进行读写探究：探寻白洋淀之风光美、发现白洋淀之人物美、感悟白洋淀之故事美。每个专题都设有情境任务，如探寻白洋淀之风光美，可设置为白洋淀的水乡照片配文发朋友圈的任务。通过情境创设，评写感悟，引导学生走进文本，研读《白洋淀纪事》中的环境描写，了解白洋淀的独特地理位置、水乡风光、风俗习惯，感受作者的情感态度。

2. 情境补写、续写、改写

基于情境的补写、续写、改写有助于学生走进文本语言，既能加深学生对文本内容的理解，又能促使学生学习作者语言风格，从而提高写作水平。以下是学生为《孤独之旅》补写的结尾。

他抬起头，眼前还是那一望无际的芦苇荡。阳光倾泻而下，照着水波荡漾的湖面，八月的炎热被芦苇荡扬起的风吹散，风吹到杜雍和的手中，带着明媚的阳光，照在那颗鸭蛋上。鸭蛋上仿佛印出了妻子的脸庞、油麻地那扇红门，还有他儿子充满快乐的脸。阳光落到他的身旁，周遭都是亮堂的；阳光闯进他的心里，他的心里也是亮堂的；将要回家的欣喜和儿子成长的欣慰充满了全身，溢满了他的眼眶。（梁靖淳同学）

风又开始呼呼地吹起来了，柔的，轻的，扑向他。吹动了杜雍和身后的芦荡，水面也漾起一圈圈的波纹。杜雍和手上的鸭蛋不再是鸭蛋了，而是一把钥匙，一把回乡的钥匙。他的眼前模糊了起来，红门的辉煌，村中人再次来往于杜雍和家中，村口的杂货……他已看不清儿子的模样，看不清周边的芦荡，他的心思已飘到油麻地去了。直到儿子再一遍描绘起眼前的蛋时，他才恍惚回来，眼中闪着激动的光芒，回家的日子终于近了！等回去了，一定要杜小康读书，读好多书，从此再不让他过像今天这样的生活。对此，杜雍和又燃起了前进的信心。（卢梓饶同学）

两位同学的补写，不仅是对结尾的延伸，而且深入情境中去理解杜雍和这一人物的内心世界，语言风格也受到作者曹文轩的影响，写作水平得到了明显提升。

3.设置情境，名著名篇仿写

阅读名著名篇，跟名家学写作，有助于学生反复走进文本。在反复阅读中，作家的语言风格、写作手法以及写作的思路框架等，都会潜移默化地对学生产生影响。因此，跟名著名篇学写作实际是一种迁移式、浸润式的仿写。一般来说，有以下仿写的角度：学习语言风格、学习选材、学习情感表达、学习写作手法（如欲扬先抑、对比、修辞手法、细节描写）、学习写作框架〔一线贯穿式、平行并列式、层层设疑式、时间推移（地点转换）式、情节反复式〕。以下是学生仿《西游记》写的《西游外传》第一篇。

九玄公主掳僧去　大圣求仙缚妖魔

话表三藏等人离了那国，一路上风餐露宿，翻过了三座山，渡过了两条河。行至数日，八戒忽问行者："哥啊，这西天道路几时是个头哩！"行者笑道："还早，再走十年也未必到头哩。"谈笑之间又行至一处山脚。

三藏问行者："徒弟啊，菩萨保佑我们哩。"行者道："怎见得？"三藏一指："那儿有个老人家不是？"行者见那老汉约莫古稀之龄。

行者却道："那妖怪休跑！"老汉见此，卷起一阵大风，朝三藏刮来。好风！但见：

> 巍巍荡荡，妖风割面。
>
> 尘土风卷，目不可及。
>
> 日月无光，玉皇惊吓。
>
> 地府震荡，冥王惊呼。

行者遮住眼，吃了满嘴沙子，叫道："师父！"风过时，三藏连马已不见矣。行者见此，急道："师父被风摄走了。"沙僧道："大师兄，你不是可唤出土地山神也？"行者道："多亏师弟提醒。"于是念声"唵"咒语，拘出那山神土地。行者道："尔等该当何罪？伸出孤拐来，每人领十棒。"土地叩拜道："大圣不知，我们被那九玄公主所压迫，说是要与你说，就将我们打得无家可归。那女妖手上有八百妖精，尽是走兽。"大圣闻言，寻思道："莫不是要与我师父成亲也？"

不说那大圣与八戒寻妖洞，却说那三藏被绑在定风桩上，长老道："大王，放贫僧一命！"老魔呵呵冷笑："三藏哥哥，我欲与你交个欢喜，只是怕你徒弟拐你出去，只得先将哥哥缚在这里。"长老哭哭啼啼，只恨自己是个凡人。

话休絮烦。且说那孙大圣一路打到石门前，见洞上写着"青丘山九灵洞"几个大字。大圣与那守门小妖道："你这小妖报与你家大王，说你爷爷孙大圣来要师父。"那小妖连滚带爬，与老魔道："奶奶，外边有个行者要那和尚也！"老魔闻言，呵呵冷笑："将我链子取来。"小妖急取了一条锁链递与老魔。老魔开门道："哪个是弼马温？"行者道："你孙爷爷便是。"老魔大怒，不容分说，挥着铁链便打。行者道："你这是甚么链子？"老魔道："此链唤作宿命锁，你那又是甚么棒子？"大圣道："我这铁棒也不输你这链子。"于是直棒便打。老魔抵他不住，一晃身，身体大了十倍，身后露出九条巨尾，怒道："泼猴！吃我一尾！"话语未了，一只赤红巨尾插入地中，大圣跳开，还没落脚，就被扫出千里之外。那小妖敲锣打鼓，得胜而归。

行者飞出几万里远，方才定住身形。大圣寻思："那老魔认得我，又是狐妖成精。莫非是天上的妖精或是某仙的坐骑？"大圣架起筋斗云，上了南天门，道："孙大圣求见。"不久，玉帝宣旨："进来。"大圣见了玉帝，道："弟子孙悟空求见姜太公一面。"玉帝道："巳时已与元始天尊喝茶去了。"大圣谢过玉帝，径往昆仑玉虚宫而来。

大圣无心玩赏景色，径投宫来，见宫前立一道童，道："烦报天尊，孙悟空求见子牙。"道童道："适才天尊让我出来迎接大圣，此番是了。且与我来。"大圣随道童而入，见了元始天尊。唱了个大喏道："子牙在么？"一旁的姜子牙道："大圣，不知此番因何而来？"大圣将前项事说了一遍。子牙失声道："如来说会走妖怪，果真如此。"随即取出打神鞭，与行者驾云而至。子牙道："大圣引他出来。"大圣执棒打碎石门："泼魔！还我师父！"老魔闻小妖来报，道："那厮不知死活。"出门怒道："兀那厮不要走！"一尾扫将来。行者也执棒迎来，子牙举起打神鞭，将魔绑了。与大圣道："大圣快救你师父，我将这厮捉回天庭审问。"

行者见八戒已杀尽洞中小妖，道："这功算你的。"长老救出后，行者说了前项事，三藏感激不尽。噫！不知路上又遇甚么妖魔，且看下回分解。

虽然小作者在情节设计和语言上还稍显稚嫩，但能够写出这样一篇结构完整，颇有《西游记》风格的作品，也实属难得，可以想见小作者必定熟读《西游记》，在反复深入的阅读中，产生了自己的阅读体验和创作欲望。

4. 情境体验，写读后感

通过设置文本体验情境写读后感，能增强学生的读者主体意识，也能促使学生多次走进文本，加深对作品的理解，提高思辨能力。

以下是学生读后感《我知琴心——我读〈名人传〉》节选。

贝多芬的琴声还在莱茵河畔徜徉，米开朗琪罗的西斯廷教堂还在梦中盘旋，列夫·托尔斯泰的思想矛盾还在灵魂中翻腾。是谁把美妙的景色连在一起？是那伟大的罗曼·罗兰。是谁让感人的故事联袂上演？是那无与伦比的罗曼·罗兰。

一阵风儿把我吹回19世纪的欧洲。莱茵河畔的月光比我想象的更加迷人。在一个破烂的小屋中，是谁在弹琴？顺着微弱的灯光看去，那不是我心中敬佩无比的贝多芬吗？长长的鬈发飘荡在胸前，破旧却整洁的衣服把他包裹，两只精灵般的手儿在琴键上跳华尔兹，配合得多么天衣无缝啊！他的眼睛始终朝着那洒满月光的莱茵河，脸上的神情时而忧伤，时而激昂。站在门外的我被眼前的景象吸引着——多么感人啊！那伟大的灵魂正在自己心中的舞台演奏着生命的力量。

我要赞美，赞美那无比坚强的贝多芬，赞美他那"即使为了帝王的宝座也绝不出卖真理的信念"。我要赞美，赞美那文笔不凡的罗曼·罗兰，赞美他呕心沥血只为成就一本《名人传》的心。

走进文本情境，仿佛贝多芬就在自己的眼前。文字，让学生与大师近距离接触，了解他的生活，感受他的思想和伟大的人格魅力。

参考文献

[1] 中华人民共和国教育部.义务教育语文课程标准：2022年版[S].北京：北京师范大学出版社，2022.

[2] 吴欣歆.培养真正的阅读者：整本书阅读之理论基础[M].上海：上海教育出版社，2019.

[3] 高智红.谁的选择：重要他人对学生阅读的影响研究[M].北京：人民出版社，2015.

[4] 刘月霞，郭华.深度学习：走向核心素养[M].北京：教育科学出版社，2018.

［5］关惠文，叶硕，景娟.如何阅读《边城》［M］.北京：
中国盲文出版社，2020.

［6］高笑可，孟岳，程少峰.如何阅读《红星照耀中国》
［M］.北京：中国盲文出版社，2020.

［7］李桂荣.从阅读走向悦读：如何提升学生的阅读兴趣与能
力［M］.郑州：大象出版社，2018.

［8］珍妮佛·塞拉瓦洛.美国学生阅读技能训练［M］.北
京：北京科学技术出版社，2018.

［9］申宣成.义务教育课程标准（2022年版）课例式解读　初
中语文［M］.北京：教育科学出版社，2022.

［10］徐杰.名著导读教学参考书（七年级）［M］.汕头：汕
头大学出版社，2022.

［11］夏雪梅.项目化学习的实施：学习素养视角下的中国建
构［M］.北京：教育科学出版社，2020.

［12］于永正.于永正：我怎样教语文［M］.北京：教育科学
出版社，2014.

［13］大卫·米基克斯.快时代的慢阅读［M］.南京：译林出
版社，2022.

［14］王鼎钧.文学种子［M］.北京：生活·读书·新知三联
书店，2019.

［15］蒋军晶.让学生学会阅读：群文阅读这样做［M］.北
京：中国人民大学出版社，2016.

［16］温儒敏.培养读书兴趣是语文教学的"牛鼻子"：从"吕叔
湘之问"说起［J］.课程·教材·教法，2016（6）：3-11.

[17] 吴欣歆.培养真正的阅读者：以《小王子》为例谈整本书阅读指导 [J].中学语文教学, 2017（10）：20-23.

[18] 任明满.整本书阅读的课程化实施探讨 [J].语文建设, 2018（18）：9-13.

[19] 管然荣, 陈金华.整本书阅读教学的"冷"思考 [J].语文建设, 2017（10）：65-69.

[20] 程翔.从"整本书阅读"的学科定位谈起 [J].中学语文教学, 2017（01）：8-11.

[21] 黄厚江.整本书阅读教师要先读 [J].中学语文教学, 2017（10）：17-19.

[22] 蔡伟, 赵丹, 李莉.整本书阅读的实施困境及其突破策略 [J].课程·教材·教法, 2019（12）：103-108.

[23] 王立.跨媒介阅读的课程建设及教学策略 [J].语文建设, 2018（25）：73-76.

[24] 郑美玲, 邵伟霞.初中"整本书阅读"教学实践三种课型探究 [J].中国教育学刊, 2018（A1）：146-149.

[25] 吴欣歆, 张悦.对"整本书阅读"目标定位的再思考 [J].语文建设, 2020（7）：35-39.

[26] 贺卫东."整本书阅读"教学的本质、功能与问题消解 [J].课程·教材·教法, 2020（7）：72-78.

[27] 吴娟, 刘旭, 王金荣.基于学习元平台的师生共读模型的构建与实践 [J].中国电化教育, 2014（7）：119-125.

上　篇

阡陌纵横万亩连

初中生名著名篇阅读实践研究

——以《契诃夫短篇小说选》整本书阅读为例

《2022版语文课标》强调要体现学习资源的新变化，"鼓励自主阅读、自由表达；倡导少做题、多读书、好读书、读好书、读整本书，注重阅读引导，培养读书兴趣，提高读书品位；充分发挥现代信息技术的支持作用，拓展语文学习空间，提高语文学习能力"。统编初中语文教材重视精读与泛读结合，倡导由课内阅读引申到课外阅读，加大课外阅读。因此，如何指导学生自主进行课外阅读是教师应认真思考并努力践行的实际问题。笔者在指导学生自主阅读名著时，将整本书阅读分成了三个阶段进行：泛读全书，自主通览——精读一篇，体悟鉴赏——跳读勾连，专题探究。同时，为了更好地激发学生的阅读兴趣，使学生学会阅读方法，更好地读懂一本书，从而培养其创新精神与实践能力，在每一阶段的阅读进程中，笔者都以公众号平台为信息技术支撑，进行创意生成展示。下面以指导学生开展《契诃夫短篇小说选》整本书阅读为例具体说明。

一、泛读全书，自主通览

在整本书阅读的实际过程中，更多的是学生课后的自主阅读。阅读习惯好的学生能够完成整本书阅读，但对于大多数的同学而言，自主阅读较难坚持。因此，教师要指导学生制订阅读计划，设计新颖的活动，让学生有方法、有兴趣、有规划地通读整本书。

《契诃夫短篇小说选》是多个独立的短篇小说的集合，相较于大部头名著，阅读难度小，便于学生阅读。以人民文学出版社出版的《契诃夫短篇小说选》为例，其中共收录《一个文官的死》《胖子和瘦子》《苦恼》《套中人》等43篇小说，每天读3篇，两周可完成整本书阅读。

1. 制订阅读计划，圈点批注交流

按目录顺序，每天阅读3篇小说，阅读时要在书上进行圈点批注，并将圈点批注的地方进行朗读，以录音或视频的方式发布到公众号的阅读小程序中进行展示，时间3分钟左右即可。在小程序中，同学们可以了解其他同学圈点批注的地方，并进行互动点评，促进同学间的阅读交流和思想碰撞。

圈点批注是自主阅读的重要阅读策略，但漫无目的的圈点批注对于深入理解文章内容并无太大帮助，因此教师应对学生进行有效圈点批注的指导。

阅读时的圈点批注，可从人物描写、环境描写、典型情节、写作手法、关键句段、优美好句或自己的感悟、质疑等方面进行，但具体到不同的文体风格、内容，圈点批注的角度或侧重点

也应有所不同。

如阅读《胖子和瘦子》，可引导学生对瘦子得知胖子官职身份前后的变化进行圈点批注。通过对瘦子前后态度变化的对比分析，学生更能深入理解瘦子的形象特点，进而体会孕育这种人格的社会土壤，理解小说的主题。

再如阅读《苦恼》，可引导学生圈点批注表现约纳的苦恼的细节。通过语言、动作、神态、心理等细节的圈点批注，学生更容易理解约纳的孤独、痛苦与无奈，理解小人物的心酸，进而体会作者对当时黑暗社会的批判。

契诃夫的短篇小说，因其时代较远，学生阅读理解起来有一定的困难，因此在自主泛读阶段，教师应给予适当的阅读指导，让学生更有效地运用圈点批注策略进行阅读。

2. 精选一篇，制作人物卡片

选择一篇最喜欢的小说，为小说里的主人公制作人物卡片，有助于学生了解契诃夫笔下的典型人物，理解人物的形象特点及命运结局，并为后面"小人物"的形象探究做准备。

姓名：
出处：
职业：
形象特点：
经典情节：
命运结局：

人物画像

3. 创意生成：设计腰封

学生根据人物卡片中的主人公的形象特点、经典情节和命运结局，运用信息技术为手中的《契诃夫短篇小说选》这本书设计一个腰封，并附简短的设计说明，然后在公众号上展示优秀腰封。这一环节旨在促进学生理解小说的主要情节内容，把握人物形象特点，并在此基础上发挥想象力和创造力，进行创作。

二、精读一篇，体悟鉴赏

在自主通览的基础上，教师要引导学生增加阅读的深度。精讲指导的目的是帮助学生解决阅读理解中的困惑和障碍。在学生泛读通览的基础上，教师选择经典篇章以点带面，以单篇带整本，进行阅读指导，下面以《契诃夫短篇小说选》中的《苦恼》为例，谈谈如何进行精读一篇的阅读指导。

1. 精读指导

学生阅读《苦恼》，思考以下问题。

（1）马车夫约纳先后多次找人倾诉失去儿子的痛苦，这些人分别是怎样的反应？完成图表。

倾诉次数	倾诉对象	对象的反应	倾诉是否成功
第一次	粗暴的军人	叫嚷："拐弯啊，魔鬼！""你瞎了眼还是怎么的，老狗？"	失败
第二次			
第三次			
第四次			
第五次			

（2）约纳最后找到倾诉的对象了吗？你怎么理解小说的结尾？

（3）小说悲剧色彩浓重，但是作者却像一个冷静客观的叙事者，于不动声色中给予同情和批判。请结合文章具体细节分析本文的这一特点。

《苦恼》讲述了失去儿子的马车夫约纳多次找人倾诉内心苦恼失败后，最终不得已只好对他的马倾诉的故事。每倾诉失败一次，约纳内心的痛苦都会增加一层，当这种痛苦达到无以复加的程度时，便形成一种艺术质变：约纳不再找人诉说，而是向马倾诉。小说的结尾非常具有艺术性：人与马倾诉，恰恰反映出人与人之间的冷漠与隔绝已经到了同类之间无法沟通、无人理解、无可倾诉的地步，使人感到"含泪的笑"。透过反复倾诉的情节，作者表达了对马车夫约纳的同情，对权力至上的黑暗社会、冷漠的人性的讽刺和批判。

契诃夫非常善于在不动声色的细节叙述中表达同情和批判，耐人寻味。如写约纳想向乘客倾诉失去儿子的事情时，写他"努动他的嘴唇"，"撇着嘴苦笑一下，嗓子眼用一下劲"，"不断地回头去看他们"，以及断断续续地说话，这些细节描写把约纳欲言又止的无奈和卑微刻画得淋漓尽致。再如文中多次写到的约纳"伛"着腰的动作，是人物内心极度痛苦的外在表现。"湿雪"把他涂得满身是白，以及约纳反复说着的"这些快活的老爷"，更突显了约纳的孤独与寂寞。小说中还有大段对约纳苦恼心情的描写，作者似一个冷静客观的旁观者，于不动声色中写尽了小人物的悲苦。

契诃夫的小说篇幅短小，但意蕴丰富。教师通过对《苦恼》的精读指导，引导学生体会契诃夫小说简约反复的情节、传神精练的语言、不动声色的叙事特点，理解作者对底层人民的同情，对沙皇专制统治及冷漠社会的批判。

2. 创意生成：写推荐语

学生选择自己最喜欢的一篇小说写推荐语。写推荐语旨在促使学生精读文本，对作品有自己的理解感悟和评价鉴赏。初读作品不要求学生的推荐语如何深刻，也不需要长篇大论，只要能从一两个角度体现自己的阅读体悟即可。

在写推荐语前，要先对学生进行方法指导。拟写推荐语一般先写明作品名称和作者，简要介绍作品内容或作者情况，最重要的在于阐述推荐理由。

推荐理由一般从作品的思想内涵、艺术特点、个人体验等方面阐述，具体来说，可以从典型的题材情节、鲜明的形象特点、特别的结构形式、情感的抒发、语言的风格、阅读后自己独特的经验感受，或所引发的情感共鸣等方面阐述，能够吸引读者的阅读兴趣，具有一定的感染力。特别注意，阐述理由要有连贯性。

在这一环节，学生对照评价量表进行写作，先进行自评，再四人小组互评，推选出组内优秀作品，投放到公众号上进行展示，并请班级同学、家长、老师在公众号上进行"优秀推荐语"的投票评选。

序号	内容	分值评价 （0—5分）
1	写明作品名称、作者	
2	简要介绍作品内容	
3	推荐理由充分（从思想内涵、艺术特点、个人体验等方面进行阐述）	
4	表达连贯，有感染力	

三、跳读勾连，专题探究

专题探究对学生来说是重点也是难点，教师要给支架，做示范，帮助学生打开思路，学会如何选择专题，并进行分析探究。整本书阅读的专题探究，不同于单篇文章的探究，它放眼于全书，要引导学生在一条贯穿线或一个聚集点上关注人物、情感的变化及情节的发展推进等，关注各篇各章之间的关联点，在综合性的比较阅读与思考中，提升思维能力，促进更多维度上的理解和发现。一般来说，可以从不同的切入点，如人物形象、情节结构、艺术手法等方面进行探究。

1. 人物形象探究

契诃夫善于抓住典型的生活片段，表现广泛、复杂的社会现象。他的短篇小说塑造了形形色色的小人物：困顿的穷苦人、精神的孤独者、善变的虚伪者、出卖妻子的卑躬屈膝者……其中有许多形象已成为文学史上的经典。阅读契诃夫的小说，首先要了解其笔下的"小人物"。

学生小组合作，将之前小组成员制作的人物卡片进行分类，探究这些"小人物"的形象特点及社会意义。

分类	篇名	小人物	典型情节	形象特点	主题内涵
小官员					
底层平民					
小市民					

契诃夫笔下的"小人物"大致可分为三类。第一类是官场"小人物"——小官员。其中有以《变色龙》中的奥楚蔑洛夫为代表的，媚上欺下、趋炎附势，对待下层百姓和上级官员完全是两副嘴脸的小官员；有以《一个文官的死》中的切尔维亚科夫为代表的，唯恐得罪上级，惶惶不可终日的小官员；还有以《胖子和瘦子》中的瘦子为代表的，对上层官员极度谄媚和逢迎，奴性十足的小官员。作者透过这些官场上的"小人物"，表达对腐朽专制、权力至上的病态社会的批判。

第二类是底层平民"小人物"，如《万卡》中做苦工的九岁学徒万卡，受尽欺辱却难逃苦海。

第三类是有一定经济基础的"小市民"，如《约内奇》中的医师约内奇，丧失了精神追求而变得庸俗堕落。

作为时代的叙事者，契诃夫不止写出了"小人物"的生活命运，同时也写出了"小人物"的思想、心理和精神状态，通过对人性、对那个时代的思考与剖析，使得"小人物"有了更深刻的社会意义。

2. 情节结构探究

契诃夫的很多小说，从总体的情节框架来说，都形成了一种反复式的情节结构，它们由多个重复的情节单元构成，但情节单元在每一次重复时都发生了变化，通过这种多次的重复变化，产生强烈的讽刺效果，进而表达对现实社会的批判，实现作者的写作意图。

这样的重复性结构在《契诃夫短篇小说选》中还有很多，学生以四人小组为单位，每人探究一篇，最后汇总完成探究表，注意分析反复式的情节结构在突出人物形象和表达主题方面的作用。

作品名称	反复的情节	出现的次数	小说的结局	反复式情节结构的作用
《苦恼》	约纳寻找对象倾诉儿子的死	五次	只能向马倾诉	对人与人之间的冷漠隔绝予以揭示和讽刺，对马车夫约纳表示同情
《一个文官的死》				
《套中人》				
《变色龙》				
《查问》				
……				

3. 艺术手法探究

契诃夫擅长细节刻画，小说中大量的人物描写和环境描写，立体地展现了人物的内心活动和性格特点。如在《一个文官的死》中，他对切尔维亚科夫打喷嚏溅到将军身上后的种种语言和行为的描写，生动展现了他的紧张不安和恐惧；在《苦恼》中，他对暮色中大片湿雪的描写，烘托了约纳的孤独寂寞与悲哀。同时，契诃夫还是个运用夸张和对比手法的高手，如《查问》中的青年文官，在沃尔德列夫给足小费之前，将他视若空气，但在沃尔德列夫给足小费之后，立马为他办事，并不住地鞠躬赔笑脸。巧妙的夸张和对比使得契诃夫的小说达到了惊人的讽刺效果。

学生四人小组选择其中一个角度分析各种艺术手法的表达效果。

角度	示例	表达效果
细节刻画		
环境描写		
夸张对比		
……		

关于专题探究，这里分别从人物形象、情节结构、艺术手法方面选取了几个专题，旨在引导学生选取专题并关联整本进行探究，各小组也可以根据自己的兴趣或有创意的发现，自选其他专题进行探究。

4. 创意生成：录制微课

在完成跳读勾连，专题探究的基础上，学生撰写微课稿，梳理探究发现、探究过程及探究结果，并将各小组的微课作品发布在公众号上进行展示交流。

步骤	具体要求
合作选题	自主讨论,选择专题。可从上述专题中选择,也可以根据自己的兴趣或有创意的发现自行选题
小组分工	四人小组分工合作:1人撰写微课稿,1人制作PPT,2人录制视频
撰写微课稿	1.专题明确 2.分析具体 3.结构清晰 4.语言凝练
制作PPT	1.重点突出 2.文字简洁 3.版面美观
录制视频	1.保持环境的安静 2.语调自然
投放公众号	学生观看并评价反馈

信息技术支撑下的名著阅读,注重激发学生的阅读兴趣,引导学生在细读文本中探索阅读策略,掌握阅读方法,并鼓励学生进行多样化的创意生成。同时,给学生充分的展示机会,让他们在展示与交流中产生思维的碰撞,体验阅读的乐趣。

参考文献

[1]吴欣歆.培养真正的阅读者:整本书阅读之理论基础[M].上海:上海教育出版社,2019.

[2]米勒.小说与重复:七部英国小说[M].王宏图,译.天津:天津人民出版社,2007.

［3］郑晔.论契诃夫小说中情节结构的反复［J］.俄语学习，2019（1）：31–35.

［4］姜晓洁.个性化人物形象创作的共同点——以鲁迅与契诃夫为例［J］.延安大学学报（社会科学版），2009（2）：101–103.

［5］王丹.从契诃夫与鲁迅的"小人物"谈起［J］.外国文学，1996（3）：76–80.

［6］中华人民共和国教育部.义务教育语文课程标准：2022年版［S］.北京：北京师范大学出版社，2022.

（本文发表在《语文教学通讯》2023年05期总第1240期）

信息技术支撑下的以情境微写作
驱动"革命传统文化"
名著阅读的实践研究

——以《白洋淀纪事》为例

《2022版语文课标》强调通过革命文化培育学生的人格风范、民族气节和爱国主义情怀，还指出应"从学生语文生活实际出发，创设丰富多样的学习情境，设计富有挑战性的学习任务"，来激发学生的阅读兴趣和求知欲，促使学生自主、合作、探究学习，同时鼓励学生自主阅读、多读书、读整本书，提倡充分发挥现代信息技术的支撑作用，为语文学习提供更便利的时间、更广阔的空间、更丰富的资源，提高学生语文学习能力。

那如何具体落实统编初中语文教材中的"革命传统文化"名著阅读呢？统编教材推荐的自主阅读篇目，在实际教学中容易被忽视，"自读"变成了"不读"，即便教师布置了学生自读，如果不进行具体化设计，阅读任务不可视化，那么自读也会成为空话。因此，笔者尝试在信息技术的支撑下，以语文生活为基础，创设多元情境，以情境微写作的形式促进学生阅读，达到读、思、写结合的学习模式。接下来，就以统编语文教材七年级上册推荐自主阅读的《白洋淀纪事》为例进行具体说明。

一、创设情境，任务驱动

为了让学生更好地阅读《白洋淀纪事》，教师创设如下情境进行任务驱动。

"放暑假了，你参加了'跟着书本去旅行——白洋淀红色之旅'的研学活动。出发前，旅行社给每位学员发了一本《白洋淀纪事》，请你阅读本书，完成研学活动中的以下任务：探寻白洋淀之风光美、发现白洋淀之人物美、感悟白洋淀之故事美。"

二、基于阅读，解决问题

（一）探寻白洋淀之风光美

1. 创设情境，任务驱动

针对"探寻白洋淀之风光美"的任务，教师创设以下情境。

"经过了一天的火车行程，学员们到达了目的地白洋淀景区，参观了白洋淀自然湿地、荷花大观园等景点，你被眼前的景色所震撼，迫不及待地拍了一张水乡照片，准备发朋友圈。请你根据阅读《白洋淀纪事》的印象、感受，为这张照片配一段描写水乡风光与内心感想的文字（150字左右）。"

2. 解决问题，任务支架

创设情境，布置"任务"，让学生学会运用所学，解决"问题"。"问题"是教学内容的具体化，也就是说，学生在做"任务"的过程中一定会遇到问题，解决这些问题就需要学生走进书本，运用阅读所得。在这一过程中，学生需要阅读、思考、整合、运用、创造，进而提升语文学科核心素养。创设情境，任务驱动，要给学生解决问题的任务支架，让学生有目标、有方法、真落实。

（1）阅读指导

推荐阅读篇目：《芦花荡》《荷花淀》《采蒲台的苇》《嘱咐》（不限于这四篇）。

阅读方法：圈点批注。

圈点批注是自主阅读的重要阅读策略，但漫无目的地圈点批注对于深入理解文章内容并无太大帮助，因此教师应对学生进行有效圈点批注的指导。

阅读的圈点批注，可从人物描写、环境描写、典型情节、写作手法、关键句段、优美好句或自己的感悟、质疑等方面进行，但具体到不同的文体风格、内容，圈点批注的侧重点也应有所不同。针对本任务支架推荐阅读的四篇文章，可引导学生圈点描写白洋淀的自然风光、风土人情、历史背景等的句段，批注对白洋淀的印象及对作者语言风格的认识。

（2）任务支架

《白洋淀纪事》是自主阅读篇目，课堂教学时间有限，因此教师可运用信息技术，拓展语文学习的空间，录制微课，对学生进行课后阅读指导。微课内容应精简，主要以点拨阅读方法、写作策略为主。针对"写朋友圈文案"这一情境微写作任务，教师可录制以下相关指导策略作为支架。

① 运用图片、视频等多媒体资源介绍白洋淀。

② 选择文中描写水乡风光的优美片段进行赏读，分析作者"白话如水又饱含意蕴"的写作风格。

③ 进行情景交融的写作技法点拨。

（二）发现白洋淀之人物美

1. 创设情境，任务驱动

《白洋淀纪事》中有许多充满人性光辉的人物，如《吴召儿》中舍身忘我，守护战士们的平凡乡村丫头吴召儿；《走出以后》中勇于冲破不合理婚姻的牢笼，成长迅速的普通女孩王振中；《邢兰》中主动冒着危险探路寻找敌人的邢兰……为了让学生更好地把握《白洋淀纪事》中的人物，教师可用以下情境进行任务驱动："你站在白洋淀这块热土上，脑海中不禁浮现出一个个淳朴热情的人物，他们是当之无愧的英雄！于是你满怀感动，想要为他们中的一个人物写一段颁奖辞（100字左右）。"

2. 解决问题，任务支架

（1）阅读指导

推荐阅读篇目：《吴召儿》《邢兰》《光荣》《村歌》《走出以后》（不限于这五篇）。

阅读方法：勾连对比。

在《白洋淀纪事》中，会发现人物形象对比鲜明，既有不同人物之间的对比，如《光荣》中有识大体、顾大局的秀梅，也有思想落后、尖酸刻薄的原生媳妇小五；《走出以后》中有勇敢走出小家庭，追求进步的王振中，也有两面三刀的顽固落后分子公公;《村歌》中有多才多艺、好说好笑的双眉,也有思想保守、爱发牢骚的王同志;等等。也有同一人物的前后变化对比,如《芦花荡》中,"老头子"从开始的自信轻敌,到大菱受伤后的自责细心,孤身一人"收拾"了十几个鬼子;再如《荷花淀》中男人们去参加地区队打游击,女人们从开始的时候借着"送衣服""说要紧的话"舍不得男人走而偷偷去看自家男人,到后来配合子弟兵英勇作战,她们不再"拖尾巴",而是成长为战斗英雄;等等。阅读中,引导学生在矛盾对比冲突中把握人物形象,体会人物积极向上、无私奉献的精神美。

（2）任务支架

本任务的微课支架主要是选择一两个典型人物,在对比中分析其精神美,并进行颁奖辞的写作指导。

写颁奖辞,要概括人物的主要事迹、点明人物事迹的积极意义和突显的人物精神品质,表达对人物的真诚赞美之情。"感动中国"十大人物颁奖辞可以作为范例来指导写作。

（三）感悟白洋淀之故事美

1. 创设情境,任务驱动

教师创设以下情境,进行任务驱动:"研学活动中,学员分组,每组选择一个喜欢的故事片段,录制短视频,根据分工,你需要完成短视频脚本的设计任务。"

2. 解决问题,任务支架

（1）阅读指导

推荐阅读篇目:《白洋淀边一次小斗争》《芦苇》《山地回忆》《碑》《看护》(不限于这五篇)。

阅读方法：细节精读、跨界阅读。

细节精读，体会环境描写，人物的语言、动作、心理、神态、外貌等描写的作用。如《碑》中，多次写到风之大，如"河滩里的风更大了"，"风杀了，一股寒气从窗子里透进来"，以及对霜雪、霜花、霜雾进行描写，来烘托八路军面临的寒酷的自然环境；再如对老金执着地去河边一网一网地打捞八路军的尸首和遗物的描写，突出老金对八路军的爱戴、怀念，体现军民浓浓的鱼水情。

跨界阅读，观看电影《小兵张嘎》，从不同角度体会白洋淀淳朴的民风和昂扬的斗争精神。

（2）任务支架

本情境任务的微课支架是进行细节描写及短视频脚本设计的指导。

《碑》	景别	画面内容	对白/旁白	声音	主题
镜头一	全景	李连长一小队人退到岸边，以河岸为掩护，向敌人疯狂地扫射	连长：和小鬼子们拼了	啪啪啪的机枪扫射声	突出表现了战士们不怕牺牲、英勇顽强的精神
镜头二	特写	敌人压过来，八路军一小队人在炮火中先后跳到结冰的河里，用枪托敲打着前面的冰，慢慢地失去知觉，沉下去了	旁白：他们刚刚从炮火里出来，像火一样灼热的身子瞬时进入了刺骨的冰冷中，那一刻就仿佛心和肺全要爆炸了	用枪托敲击冰面的声音、喘息声	

《白洋淀纪事》与一般的战争文学不同，尽管取材于残酷的战争，却较少正面描写残酷血腥的战争场面，反而用诗意的笔法写出了水乡风光的自然美、水乡人民的人情美、水乡故事的精神美。虽为教材中推荐自主阅读的名著，却不容忽视。笔者通过创设情境，以情境微写作为任务驱动，运用信息技术和阅读策略作为支撑，探索个性化的阅读方法，旨在促进学生整本书的自主阅读，使学生感受"革命传统文化"名著的艺术魅力，丰富精神世界，培育爱国情怀。

参考文献

［1］中华人民共和国教育部.义务教育语文课程标准：2022年版［S］.北京：北京师范大学出版社，2022.

［2］吴欣歆.培养真正的阅读者：整本书阅读之理论基础［M］.上海：上海教育出版社，2019.

拓展基于初中学生语文素养的
课外阅读

　　语文素养指通过学习与实践，学生在语文方面表现出的比较稳定的、基本的、适应时代发展要求的知识技能、沟通能力、协作水平等，充分发挥语文学科的工具性和人文性效能。"学生自发的课外阅读兴趣有助于作文能力的发展，增加课外阅读比增加经常性写作训练对帮助发展学生作文能力更有效。"这是美国的斯迪芬·德·克拉森教授通过对写作与课外阅读的关系进行长期调查和研究后，在其《作文：研究，理论与应用》一书中提出的观点，体现了阅读与写作的关系。阅读与写作是初中学生最重要的语文素养，笔者认为，初中学生要培养阅读与写作等语文素养，进行课外阅读是有效的途径。

　　然而在中考指挥棒的影响下，老师和家长都把学生禁锢在教科书里，为了不"浪费"学生的学习时间，禁止学生进行大量的、长期的课外阅读，却不知这是一种竭泽而渔的做法。学习是学生社会生活的一部分，应该是一个外涵和内延都非常丰富的概念，而不能仅仅局限在教科书上，如果仅仅把学习定义为学教科书，听老师讲课，完成老师布置的作业，那么就是把学习孤立起来了，学习就成了一座无法与外界联系的孤岛。在这样的"孤岛"上，学生能感知社会的变化、时代的脉搏吗？能找到未来的方向和努力的目标吗？现在，很多老师发出了"学生对语文不感兴趣""学生作文没有思想""学生的作文语言苍白""学生的选材狭隘""学生的布局能力弱""学生的想象力消失了"等呼声，如果所有的老师和家长都能进行深层的思考，问一句"为什么会变成这样"并且能主动寻找解决的办法，也许局面会发生改变。

物质文明越来越发达，精神贫瘠造成的不良后果已经越来越明显了，阅读量少的弊端在不断地呈现，因此国家也越来越重视中小学的阅读。国家根据中小学生身心发展的需要，通过义务教育语文课程标准规定初中生应"学会制订自己的阅读计划，广泛阅读各种类型的读物，课外阅读总量不少于260万字，每学年阅读两三部名著"。同时要求学生九年课外阅读总量达到400万字以上。

笔者曾经在所教班级做过关于课外阅读的问卷调查，结果非常可悲：能坚持长期阅读的学生比例不超过10%，能偶尔进行阅读的学生比例也仅为18%，其他学生基本没有课外阅读（这里的课外阅读是指除教材、练习题之外的纸质阅读）。看到这个数字，笔者陷入深思，认为主要有以下几个方面的原因。

1. 家庭没有阅读的习惯，导致学生也没有阅读习惯

珠海是一座非常特殊的城市，外来人口众多，有的家长忙着工作，有的家长忙着享受生活，很多家庭都没有阅读习惯，家长也没有意识到应该培养学生的阅读习惯。学生耳濡目染，自然也不会看书。

2. 考试的评价体系决定课外阅读成为学校教学的"鸡肋"

课外阅读是一项需要长期积累，慢慢见效的事情。而升学考试是"功利"的，为了追求成绩，需要花费大量时间进行题目训练。所以很多时候，教师不得已放弃了课外阅读教学这项工作。另外，学生课程繁多，作业量非常大，如果大量进行课外阅读，就可能导致学生无法完成作业。教师不要求，学生没有时间，课外阅读教学就成了"鸡肋"。

3. 电子产品阅读逐渐高于纸质书籍的阅读

电视、电脑、手机等电子产品，给初中生的生活造成了翻天覆地的变化，一方面他们通过这些电子产品了解社会；另一方面这些电子产品把文字、图片变成了生动可感的画面，更加吸引人，其中的网络游戏更是吸引了大量的初中学生，使他们放弃纸质书籍，转而沉迷于电子产品。

4. 阅读质量不高，传统经典的文学作品备受冷落

对于部分初中学生来说，他们可能不知道《百年孤独》《平凡的世界》等经典文学作品，但一定知道网络上的玄幻小说、爱情小说，这就导致"经典难再现、网络成世界"的局面。如果想要激发学生的阅读兴趣，培养学生良好的课外阅读习惯，首先得让学生知道读什么，然后还得知道怎么读。这也是笔者本文要尝试解决的问题。

一、上下求索荐书目

国际阅读协会把"鼓励人们养成终身阅读的习惯"作为协会宗旨；复旦附中黄玉峰老师也自豪地说，"学生们爱读书，会读书，将来养成终身与书为伴的习惯，我的教学就成功了一半"。可见阅读之于学生、之于老师、之于人的重要性。

好的书籍能在潜移默化中强化初中学生的精神世界，不动声色地影响学生的世界观，能够让学生发现人性的美好、世界的壮观、人情的悲悯。因为智力水平、阅读习惯、家庭环境等的不同，学生的理解、阅读能力也不尽相同，所以给学生推荐书目的时候，可以从作品篇幅、作品内容、作品思想、作品表达方式等方面综合考量，尽量让学生能从书目中找到适合自己阅读的作品。如阅读能力一般的学生，可帮助他们选择篇幅较短、故事性强、易于理解的作品；阅读能力较强的学生，可推荐他们阅读篇幅较长，故事复杂，思想性、哲理性较强的作品。这样既能提高学生的阅读能力，又能开拓学生的视野，陶冶他们的情操，达到阅读的目的。

初一学生年龄比较小，可以推荐阅读篇幅较短、故事性较强、内容易于理解的篇目。这个阶段学校课程没有太大的压力，所以推荐初一学生阅读的书目为：

冰心《繁星·春水》、法布尔《昆虫记》、吴承恩《西游记》、郑渊洁《郑渊洁童话》、林海音《城南旧事》、儒勒·凡尔纳《海底两万里》、安徒生《安徒生童话》、格林兄弟《格林童话》、J.K.罗琳《哈利·波特》、黑柳彻子《窗边的小豆豆》、斯威夫特《格列佛游记》、马克·吐温《汤姆·索亚历险记》、欧·亨利《欧·亨利短篇小说选》、卡洛·科洛迪《木偶奇遇记》、阿瑟·柯南·道尔《福尔摩斯探案集》、狄更斯《雾都孤儿》、巴尔扎克《欧也妮·葛朗台》、儒勒·凡尔纳《八十天环游世界》。

初二年级的学生，无论是心理还是生理都发展得较快，处于一个矛盾时期：一方面，他们精力充沛，充满好奇心，渴望探索世界；另一方面，他们易冲动，脾气暴躁，做事莽撞，不计后果。所以给初二年级学生推荐的书目是：

海伦·凯勒《假如给我三天光明》、泰戈尔《泰戈尔诗选》、高尔基《童年》、莎士比亚《威尼斯商人》《罗密欧与朱丽叶》、亚历山大·小仲马《茶花女》、亚历山大·大仲马《基督山伯爵》、艾米莉·勃朗特《呼啸山庄》、夏洛蒂·勃朗特《简·爱》、东野圭吾《解忧杂货店》、米盖尔·德·塞万提斯《堂吉诃德》、老舍《骆驼祥子》、路遥《平凡的世界》、霍达《穆斯林的葬礼》、罗贯中《三国演义》、蒲松龄《聊斋志异》、鲁迅《朝花夕拾》《阿Q正传》、三毛《哭泣的骆驼》《梦里花落知多少》、余秋雨《文化苦旅》、顾城《顾城诗选》、林清玄《林清玄散文集》、张晓风《张晓风散文集》。

初三年级的学生开始慢慢成熟，他们的思维能力在不断提升，自我意识不断加强，渴望通过自身努力得到别人的认可，但是因为个人能力的原因，在中考的压力之下，容易缺乏自信、自卑、叛逆。因此推荐：

曾国藩《曾国藩家训》、施耐庵《水浒传》、曹雪芹《红楼梦》、司马迁《史记》、吴敬梓《儒林外史》、鲁迅《野草》、余华《活着》、余光中《余光中诗选》、维克多·雨果《巴黎圣母院》、列夫·托尔斯泰《复活》、尼古拉·阿历克塞耶维奇·奥斯特洛夫斯基《钢铁是怎样炼成的》、海明威《老人与海》、笛福《鲁滨逊漂流记》、普希金《普希金诗选》、庄子及其后学《庄子》。

王君老师说："打通各种文本，提取其思想精髓，为学生创建更加贴近生活且生机勃勃的语言学用平台，同时开解学生的生命困惑，提升学生的生命质量。"希望学生通过对这些古今中外作品的品读，形成自己的阅读感受，养成良好的阅读习惯，达到文以养气的目的，回归阅读本心。

二、探索尝试阅读法

指导初中学生阅读任何一部作品，都是给学生的智慧仓库增添一笔财富。通过阅读课外书籍，学生能获得丰富的知识，开阔视野，激发学习兴趣，同时锻炼自己的思维，培养自己思考问题、分析问题、解决问题的能力。

1. 书卡阅读法

书卡阅读法就是制作读书卡片，让学生按照教师的要求进行阅读，并形成一定的读书笔记，教师进行展示。这样不仅可以让学生产生成就感，还可以让学生体会到阅读的乐趣，同时可以督促学生加快阅读进度，还可以培养学生写作的能力。这种方法比较适合初一学生。读书卡片的形式不限，可以根据学生的具体阅读能力制作，也可以结合课堂教学制作。

书名	喜欢的词语	喜欢的句子	喜欢的文段	阅读感受	喜欢的人

2. 手抄报阅读法

给学生布置书目后，要求学生以图文并茂的手抄报展示自己的阅读收获，这种方法可以考核学生的综合表达能力，如文字的表达、情感的体验与抒发，甚至还有绘画能力和色彩搭配能力。因为制作手抄报带有一定的游戏成分，所以受到部分学生的欢迎。

3. 分享阅读法

这是比较传统也比较好的阅读形式。教师可以定期举办"读书分享会"，让学生自由分享自己读的书，发表自己对于作家、人物、情节、语言、表达等方面的看法，没有具体要求，只要是自己的阅读感受就可以。如果不同学生分享的是同一本书，那么会有思想的碰撞，交流过程中会有争执、妥协，非常有趣；如果学生们分享的是不同的书，那么听别人的讲述，就等于自己也看了一遍，用最短的时间了解了一部作品，非常有价值，有时候听了别人的分享还会触动自己的阅读欲望，收获非常大。

4. 剧本阅读法

剧本阅读法就是让学生把自己看过的书排成剧本，然后作为舞台剧表演出来。这是一个艺术再加工的过程，对于学生来讲，不仅要完成阅读，还要把自己的理解再现出来，难度加大了。在表演的过程中，学生会对所读内容进行再加工，所表演的内容来源于书籍，又不完全照搬书籍，这是非常有意思的体验，所以会触动学生的兴趣点，激发学生的阅读动力，成为不断阅读的动力源泉。

5. 亲子阅读法

亲子阅读其实更适合小学生，但是有相当一部分初中学生小学的时候并没有进行阅读，所以没有阅读习惯，这个时候如果家长能够加入阅读的行列，陪伴他们一起阅读，其实也是非常有效的阅读方法。因为家长属于不可控的因素，所以在调动家长的积极性的时候，要有艺术性。笔者曾建立班级亲子阅读群，通过网络展示共读一本书的情况，同时在群里做好引导，及时表扬阅读做得好的家庭，取得了一定的效果。

6. 师生共读一本书阅读法

师生共读一本书，非常适合阅读初中语文教材上推荐的书目。这部分书籍的特殊之处就在于它们可能出现在中考的试题中，师生共同阅读有利于老师掌握阅读进度和学生阅读情况，随时根据考点的变化，有意识地、不着痕迹地带领学生阅读，不但不让学生反感，还会提升学生的阅读效果。老师和学生不时讨论分享阅读心得，无论什么时候都能够有共同话题，对学生来说是很有意思的事情，所以能有效促进学生的阅读。

以上阅读方法都不是孤立存在的，有时候可以把几种阅读方法综合到一起运用，这样效果才是最好的。

　　培根说，"读书足以怡情，足以傅彩，足以长才"。读小说在某种程度上可以理解成它延长了我们人类有限的生命，它丰富了我们人生单一的生命。你读得越多，活的次数就越多，活的层级就越高。由此可见阅读对培养学生语文素养的重要性，因此，不断地拓展课外阅读是语文老师的一项重要任务，吾虽知其修远兮，仍将上下求索。

参考文献

［1］王君.青春语文：你的教法就是你的活法（下）［J］.中学语文教学参考，2017（35）：4-7.

［2］王荣生.小说教学教什么［M］.上海：华东师范大学出版社，2015.

　　（本文发表在《教学考试》2017年23期总第200期，有删改）

基于新课程标准的初中语文情境
教学探索

　　义务教育语文课程核心素养指学生在积极的语文实践活动中积累、建构，并能在真实的情境中运用语言解决问题的能力。如何落实这个理念？关键应该是改变传统的课堂教学方式。而变革语文课堂教学方式的关键应该是在新课程标准理念下，在课堂上创设情境，并根据所设置的情境进行课堂教学。

　　语文学习情境是指在生活中创设真实情境，让学生通过语言文字的运用，解决现实生活问题。因此，语文教师应该引导学生关注自己的家庭生活、校园生活与社会生活等，力求建设开放的语文课堂学习空间，激发学生探究问题、解决问题的兴趣和热情。

　　《2022版语文课标》的命题要求提道："日常生活情境指向真实具体的社会生活，关注学生在活动场景中的语言实践"，"文学体验情境侧重强调学生在文学作品阅读中体验丰富的情感"，"跨学科学习情境侧重强调学生综合运用多门课程知识和思想方法解决实际问题。"基于此，笔者尝试从日常生活情境、文学体验情境和跨学科学习三个方面进行情境化课堂教学设计。

一、日常生活情境

生活中处处皆有语文，只要认真观察生活、关注课堂，随处可见语文。学校是学生学习和生活的主要场所，所以学生对学校有着天然的感情。

笔者所在学校非常重视与学生共同打造学校文化，因此，当学校新建成一座亭子后，便向全体师生发出号召，希望大家能给亭子命名，要求名称要符合学校文化内涵。

当这个通知发出后，笔者便巧妙结合统编七年级下册第六单元综合性学习活动"我的语文生活"，设计了一节日常情境语文活动课。

因为这座小亭子是学生常来常往皆可见到的，所以学生兴趣高涨。为了让学生命名典雅且能符合学校文化内涵，笔者进行了如下教学设计。

首先带着学生一起了解学校教学楼的命名方法及内涵。

学校的"风华楼"：风华，指风采、才华，寓意学生大展青春风采，才华横溢。

学校的"稻香园"："稻香"化用辛弃疾词"稻花香里说丰年，听取蛙声一片"，作为我校劳动教育主要阵地，寓意稻香满园，水稻与劳动技能双丰收。

再带领学生一起回顾学校文化内涵："品梅育新、适性扬才"的办学理念，"臻善创美、日新又新"的校训精神。

最后带着学生一起把探索的目光投向浩渺的中国传统文化天地，了解古代亭台楼阁命名的规律和文化。

醉翁亭：欧阳修《醉翁亭记》中写道："峰回路转，有亭翼然临于泉上者，醉翁亭也。作亭者谁？山之僧智仙也。名之者谁？太守自谓也。"

浸月亭：取名于白居易《琵琶行》诗中的"别时茫茫江浸月"。

一番学习后，学生自是斗志昂扬、激情澎湃地投入给亭子命名的活动中。课堂以小组为单位开展活动，有的小组引经据典，有的小组奇思妙想，有的小组文采飞扬。但是所有的小组都能紧扣学校文化内涵，且学生的参与度极高。

创设真实语文学习情境，把教材与生活结合起来，可以激发学生学习、探索的兴趣，并让他们在探索中积极主动解决日常生活中的问题，从而培养他们主动学习的能力，提升他们语言运用的能力、解决问题的能力，同时也发展了他们的创新思维。

二、文学体验情境

统编教材八年级上册第二单元都是写人的课文，分别是《藤野先生》《回忆我的母亲》《列夫·托尔斯泰》《美丽的颜色》。作品中所涉及的人，与学生实际生活有距离，所以很难让学生产生共鸣，学生也较难理解作者的情感。为了拉近课文与学生的距离，笔者带着学生以"名人蜡像馆"为主题开展情境体验，一起体验课文中的情境。

首先，把学生分成四个小组，每个小组"认领"一篇课文，查找文中人物图片资料、生平简历。

姓名	身份+图片	国籍	主要经历	与作者关系
藤野先生				
朱德母亲				
列夫·托尔斯泰				
居里夫人				

其次，让各小组从所选图片中选择一张最喜欢的，用提前准备好的彩泥，为各组所"认领"的名人做一尊蜡像。

再次，每组为自己"认领"的名人写一篇小传，先在班内交流，然后向每一位来馆"参观"的人介绍四位名人的事迹。

最后，每一位同学从身边选择一位自己最喜欢的人，为他做一尊蜡像，并写一篇小传，向别人介绍他的突出品格。

三、跨学科设计

胡庆芳在《中小学跨学科教学的追问与思考》一文中提出跨学科学习途径有"问题解决类""主题贯穿类""项目驱动类""学科拓展类"。笔者按照以上四种途径，分别进行了课堂教学实践。

（一）问题解决类

问题解决类途径就是设置一个核心问题，再分出几个枝干问题，最后逐步解决问题。如在学校的STEM比赛中，先设置一个"纸桥称重"问题，再把称重问题细分成几个小问题，综合考查学生解决问题的能力。

1.首先，学生畅谈"对纸桥承重有何看法"。

2. 其次，学生"尝试从生活中选择材料，观察选用不同材料会有怎样的结果出现"。

3. 再次，学生自己动手实践"如果要承受更多的重量，材料应该怎么安装"。

4. 最后，比较纸桥的承重能力：拿重物压在"桥"上，谁的纸桥承受的重量最大，谁就获胜。

（二）主题贯穿类

主题贯穿类路径就是老师根据课堂主题，设置一系列相关主题，将课堂教学实践贯穿起来。如在语文与劳动融合教育中，以"节气中的语文"为主题，根据学生年龄特点，设计跨学科教学系列活动。

1."我学二十四节气"：二十四节气具体是什么？

2."我研节气特点"：不同节气不同特色。

3."我读节气诗歌"：古诗中描写节气的诗歌。

4."我画节气之景"：描绘不同节气的景物特征。

5."我传节气之美"：开展节气传统文化活动。

6."我参节气之劳"：参与节气中的农业劳动。

这一个个主题串起了农业学、诗歌、传统文化、绘画、劳动等学科，并把它们融合到同一个课堂设计中，让学生在语文课堂中了解传统文化、体会诗歌中的劳动美，并且通过学科融合，用一个主题学习不同学科知识，提升学生综合素养。

（三）项目驱动类

项目驱动类路径是在多个学科知识与方法的协同助力下共同完成一个项目的学习，进行跨学科教学设计。下面以语文学科和生物学科共同参加科学创新论文大赛项目为例。

1. 参赛项目实验过程：生物学科确定参赛项目，语文学科寻找相关文献。

2. 参赛项目实验数据分析：生物学科进行实验，收集数据；语文学科灵活运用数据。

3. 参赛项目论文形成：生物学科提供实验数据、实验过程、实验结果，语文学科把实验过程、实验数据及结果形成文字。两个学科融合形成创新型论文。

4. 参赛项目英文摘要：为了完成比赛需求，协同英语学科一起完成论文摘要。

5. 上传到参赛网站：论文形成后，按照比赛要求，完成网络传输任务。

（四）学科拓展类

学科拓展类路径是在某一学科的学习中，为了更好地实现学科学习目标，主动借助其他学科的知识与方法解决本学科所面临的问题。比如，在进行《中国石拱桥》的教学设计时，采用学科拓展类跨学科教学设计。

首先，从中国古诗词中与"桥"有关的诗句引入本课。

白居易："晴虹桥影出，秋雁橹声来。"

杜牧："长洲苑外草萧萧，……暮烟秋雨过枫桥。"

马致远："枯藤老树昏鸦，小桥流水人家。"

毛泽东："一桥飞架南北，天堑变通途。"

其次，展示从古至今各种桥的图片，简单点出不同类型的大桥的特点，特别是港珠澳大桥。带着学生一起学习《中国石拱桥》，学习课本知识。

再次，学生一直无法理解茅以昇先生说的"桥是经过放大的一条板凳"——既然桥就是一条放大的"板凳"，为什么古人还要费尽心思去建造相对难度更大的石拱桥呢？一块平板直接铺过去不是更容易吗？语文老师无法科学准确地解释这个问题，因此邀请物理老师讲解："同学们，大家好！这个问题比较复杂，涉及很多方面的问题，很难用一两句话解释清楚。因此简单给大家解释一下赵州桥的结构特点。大家一定会注意到赵州桥左右两侧的小拱，这个设计可不仅仅是为了美观，赵州桥为了便于车马通过，同时兼顾航运，它的桥身跨度大且弧度平，这会使桥拱对桥台的水平推力变大。而正是这设计巧妙的小拱，不仅减轻了桥身的重量，而且减小了桥身对桥台的垂直压力和水平推力。大家仔细观察还会发现，小孔周围砖的排列是纵向并列，砌筑而成，这使每个拱都能够自成一体，即使一拱损坏也不会影响到全桥。赵州桥经历了多次的水灾和地震，经历了1400多年仍能够屹立不倒，正得益于古代能工巧匠的精巧设计。"

物理老师从物理学科知识出发、讲解，让学生豁然明了，赵州桥的建造不仅仅是为了美观，更是为了实用。而这一结论是语文学科不能独自得出的。

最后，语文新课程标准提出，我们要传承传统文化，而中国石拱桥恰恰是中国古代劳动人民的智慧，我们应该让更多的人了解中国古代人民的创造，所以让学生化身为"中国桥梁推荐大使"，用英文写一篇推荐文，向世界介绍中国的赵州桥（卢沟桥），让中国的桥变成世界的桥。

Zhaozhou Bridge

Song Hairui from Class Two, Grade Eight

As we all know, there are many ancient buildings in Chinese history. And some of the ancient buildings are still preserved well today. I'd like to introduce a world–famous building to you.Its name is Zhaozhou Bridge.

Zhaozhou Bridge was a stone arch bridge built on Chengnan Jiao River in Zhaoxian County of Shijiazhuang City, Hebei Province. Zhaozhou Bridge was first built in the Sui Dynasty, designed and built by craftsman Li Chun. Later, it was named Anji Bridge by Emperor Zhao Xu of the Song Dynasty.

Zhaozhou Bridge is magnificent.It is about 50 meters long and 10 meters wide. And, the design of Zhaozhou Bridge is very scientific.It is not as steep as other stone arch bridges, but it allows horses and chariots to pass smoothly.

Moreover, Zhaozhou Bridge is very artistic.The carving is vigorous and powerful and the art style is novel and bold, showing the thick, stern and elegant stone carving style of the Sui Dynasty. The bridge body decoration pattern is fine and the sculpture has high artistic value.

Zhaozhou Bridge in eighteen hundred years experienced many floods, eight wars, eight big earthquakes and vehicles under heavy pressure. It was still grand and built up on the Jiao River. It is a part of Chinese treasure. Let's protect this ancient building together!

总之，《2022版语文课标》能不能落地，关键在于语文老师能不能改变备课理念，转变课堂授课方式；能不能把教育的目标确立为培养学生解决问题的能力；课堂教学是不是为了提升学生核心素养而设计。因此，在新课程理念指引下的课堂实践，意味着教师要颠覆传统的授课理念，打破固有的思维方式，突破传统的经验，打破过去的自我，重构思维模式，重建课堂设计方式，而后得到一种教学重生！

参考文献

［1］中华人民共和国教育部.义务教育语文课程标准：2022年版［S］.北京：北京师范大学出版社，2022.

［2］胡庆芳.中小学跨学科教学的追问与思考［J］.基础教育课程，2023（14）：4-9.

跟名著名篇学写作

——以统编初中语文教材及课外阅读篇目为例

　　《2022版语文课标》在学习内容上要求第四学段（7—9年级）学生要"欣赏优秀作品的语言表达技巧"，"继续丰富自己的积累。分类整理、欣赏、交流所积累的词语、名句、诗文等，并在日常读写活动中积极运用"，"阅读表现人与自然的优秀文学作品……借鉴其中的写作手法，表达自己对自然的观察和思考，抒发自己的情感"。

　　统编初中语文教材八年级下册第一单元的写作专题"学习仿写"指出，"仿写是提高作文水平的有效方法。一篇好文章，在写法上总有值得模仿、借鉴的地方"。

　　语文课程标准和语文教材都强调学生要在阅读名著名篇的过程中积累大量优秀的语言材料，建立自己的创意语言资料库，并能学以致用。因此，阅读名著名篇，跟名家学写作，既能促使学生更深入地理解文章，也能提高学生写作素养。

　　对名家名篇的仿写，实际是一种整体性迁移。仿写过程中，作家的语言风格、素材的选用、情感的表达方式、手法的运用以及写作的思路框架，都会对学生产生影响。因此，跟名著名篇学写作实际是一种浸润式的仿写。具体到篇章，仿写点又各有侧重。以统编初中语文教材及课后推荐阅读篇目为例，笔者归纳出以下仿写的角度。

一、学习语言风格

读名著名篇，学习作者的用语和句式特点。如吴伯箫的《灯笼》，用语典雅，文白相间，抒发家国情怀；臧克家的《说和做》善用四字词语和对句，精炼含蓄，饱含感情；朱自清的《春》写景优美，描写细腻，多用排比句式，给人一种向上的力量。

学习作者平淡自然却富有趣味的语言特点。如《昆明的雨》是汪曾祺的一篇代表作品，作者将记忆中昆明雨季的景、物、人、事娓娓道来，虽均为生活中的琐细事物，却平淡自然，饶有趣味。学习这篇课文时，可以引导学生拓展阅读汪曾祺的其他作品，如《翠湖心影》《我的家乡》等，指导学生学习撷取生活中的细小事物，体悟万物之灵、生活之趣、人性之美。再如孙犁的《荷花淀纪事》，白话如水又饱含意蕴。阅读此类文章，要引导学生品味作者的语言风格，尝试借鉴写作。

二、学习选材

在日常写作和考场作文中，大多数学生选材过于陈旧老套，虽已为中学生，却常写小学发生的事；虽所处的时代如此多彩，却只会写两点一线的枯燥生活。因此，批阅学生的作文也成了教师的痛点——为什么就没有新鲜的真实的东西呈现呢？其实，学生也许不是不想写新鲜素材，而是阅读量和思维的局限、在生活中捕捉和提炼素材的能力不足，让学生想不到、写不出。要解决这些问题，最好的办法就是读和仿。朱熹说："古人作文作诗，多是模仿前人而作之。盖学之既久，自然纯熟。"大概就是这个道理。教师需要带领学生阅读具有鲜活素材的文章，分析作者是如何选材的，给学生一个支点和范例。越是贴近生活的真实新颖的素材，越能激发学生的写作欲望，如朱自清的《背影》，写父亲在车站送儿子上学的背影，感人至深。作者写作此文的年代虽已久远，可是其中的父子真情，甚至嫌父亲"迂腐"而对父亲的不耐烦，以及后来回忆时的惭愧与后悔，却是现在这个年纪的学生深有同感的。可见经典的作品，不论时代多远，总能穿越时空，与读者产生共鸣。

因此，学习本文时，笔者让学生结合自己的生活，选取生活中最难忘的事，抓住情感的聚焦点进行写作，来表达感情。葛彤同学仿写的同名作文写的是姥爷带自己骑单车的背影。

每次与姥爷相见，最不能忘的是他的背影。

"走！我带你上后田转转。"仍不忘他田地里骑单车载我的背影。一辆单车，两个座。他坐前，我在后。出发前，他甩甩裤腿，左脚往上勾着脚刹。"抱住了！"坐在后面看不见他的头，或许是低下太多了，我拽着他黑蓝布褂的一角，佝偻的脊背在我眼前，透过那单薄的布褂，看见那脊骨像要把布褂戳穿似的。那长长的裤脚碰着点轮子的边，向来穿惯了布鞋的他用力地蹬着脚蹬，泥土地上留下数条清晰的车辙。……

文章以姥爷三次为自己辛苦忙碌的背影为素材，表达对姥爷的思念之情，真挚感人。在学生的阅读材料中，还有很多文章适合仿写借鉴，如《烙印在时光里的生命片刻》中那些不经意却温暖人心的小细节；《父亲的田园》中盛满"我"快乐童年的田园劳动；《抬头看见花》中与一树花的对视，发现生活中的小美好；等等。好文章不仅是学生阅读训练的抓手，更因其语言文字的美妙成为学生写作的范本，使阅读与写作训练一体化。

三、学习情感表达

写人记事类的文章，情感的表达方式主要有直接抒情和间接抒情。直接抒情如《土地的誓言》，作者直抒胸臆，通过对土地的大声呼告，表达对国土沦丧的压抑之感和对故土的深深眷恋之情，爱国之情溢于言表；间接抒情，或融情于事（理）中，或托物言志，或借景抒情。如《老山界》写红军翻越老山界，战士们知道山是如何的陡峭了，虽然很紧张，但依然乐观勇敢地向前进："不要掉队呀！""不要落后做乌龟呀！""我们顶着天啦！"进行过程中充满了欢声笑语，洋溢着革命乐观主义精神，于叙事中抒情。

文中还有不少的景物描写，也饱含着作者的情感，如"耳朵里有不可捉摸的声响，极远的又是极近的，极洪大的又是极细切的，像春蚕在咀嚼桑叶，像野马在平原上奔驰，像山泉在呜咽，像波涛在澎湃。不知什么时候又睡着了"，"路上有几处景致很好，浓密的树林里，银子似的泉水流下山去，清得透底"，等等。作者将红军不怕困难、勇往直前的乐观精神潜藏在写景和叙事中。

课本中还有很多借景抒情、托物言志的文章，如《春》《秋天的怀念》《紫藤萝瀑布》等，借景物描写传达作者内心幽微的情感和对人生的思考；再如《一树柿子红》，作者借助一树火红而又孤独的柿子来表达作者对童年生活的怀念，对爷爷、故乡的怀念之情，以及久未回乡、今非昔比的伤感之情。阅读和学习这些文章，要让学生反复诵读、细细品味，再引导他们将自己的情感寄托在笔端，或汪洋恣肆，或涓涓细流，用文字抒写内心。

四、学习写作手法

（一）欲扬先抑

如《阿长与〈山海经〉》，先写阿长粗俗的睡姿、过年烦琐的礼节等，再写阿长为"我"做了常人所不肯做、不能做的事——为我买来《山海经》，让"我"震惊、感激，作者运用了欲扬先抑的手法，表达了对长妈妈无比的怀念感激之情。再如七年级上册推荐阅读名著《白洋淀纪事》中的《芦花荡》这一篇，写"老头子"从开始的自信轻敌，到大菱受伤后的自责细心，再到孤身一人"收拾"了十几个鬼子，在一"抑"一"扬"中丰富了"老头子"的人物形象。在阅读这些文章时，可以让同学们仿照课文欲扬先抑的手法，写生活中粗俗、有缺点而又有闪光点的人。

（二）对比

如《邓稼先》将奥本海默与邓稼先两个人的个性、品质进行对比，突出邓稼先忠厚平实、从不骄人的性格特点。《变色龙》通过奥楚蔑洛夫断案态度前后发生的六次变化，讽刺奥楚蔑洛夫见风使舵、媚上欺下的丑恶嘴脸。引导学生仿照课文，运用对比手法写一写身边的人，他们会更加深刻地认识一个人。

（三）修辞手法

1. 比喻

（1）描写实物形象生动

《围城》中精妙的比喻使语言生动恰切，幽默诙谐又新颖活泼，用比喻来塑造人物形象，立体丰满。"孙太太眼睛红肿，眼眶似乎饱和着眼泪，像夏天早晨花瓣上的露水，手指那么轻轻一碰就会掉下来。"这里描写孙太太一家因孙先生打牌被抓，不得不下船的情景。作者用花瓣上轻碰就会掉落的露水比喻孙太太的泪水，描写得那么细腻，不禁让人生出对孙太太的怜悯和同情。

（2）将抽象的情感具象化

如《围城》："他那天晚上的睡眠，宛如粳米粉的线条，没有粘性，拉不长。"用没有粘性也拉不长的粳米粉线条形容陷入爱情的方鸿渐的睡眠，实在新奇高妙。再如九年级下册推荐阅读名著《契诃夫短篇小说选》中的《苦恼》，作者描写约纳失去儿子的苦恼："如果约纳的胸膛裂开，那种苦恼滚滚地涌出来，那它仿佛就会淹没全世界。"将约纳的苦恼比作滚滚而出的汹涌的水，形象地写出了约纳无尽而又无法言说的苦。

2. 排比

恰当地运用排比，能增加文章的文采和气势，课文里适合仿写的排比句、段有很多。像《灯笼》开头写道："提起灯笼，就会想起三家村的犬吠，村中老头呵狗的声音；就会想起庞大的晃荡着的影子，夜行人咕咕噜噜的私语；想起祖父雪白的胡须，同洪亮大方的谈吐；坡野里想起跳跳的磷火，村边社戏台下想起闹嚷嚷的观众、花生篮、冰糖葫芦；台上的小丑，花脸，《司马懿探山》。真的，灯笼的缘结得太多了，记忆的网里挤着的就都是。"

学习此文时，邓天禹同学进行了如下仿写。

提起秋天，就会想起风吹稻响，层层麦浪；就会想起画屏里映着的秋夜烛光；想起奶奶所做的手工；想起老家的柑橘；想起森林里诗一般的枫树叶。真的，秋天的缘结得太多了，记忆里的网挤着的都是。

这一段仿写，以排比的形式勾连记忆中与秋天有关的景、人、事、物和情，语言优美，颇有意境。

细节描写。曹文轩的《孤独之旅》有散文诗般的优美语言，质朴自然，略带伤感而又带有成长的欢愉，读来特别能触动内心，如："黄昏，船舱里的小泥炉飘起第一缕炊烟，它是这里的唯一的炊烟。它们在晚风中向水面飘去，然后又贴着水面，慢慢飘去。当锅中的饭已经煮熟时，河水因晒了一天太阳而开始飘起炊烟一样的热气。此时，热气与炊烟，就再也无法分得清楚了。"

学习这篇文章，笔者布置了这样的仿写题目。

杜雍和从儿子手中接过还有点儿温热的蛋，嘴里不住地说："下蛋了，下蛋了……"此时杜雍和会看到怎样的景象？请你仿照本文的写法给文章结尾加一段景物描写，使之更好地体现小说的主题。

仿写任务布置下去后，笔者结合课文进行技法点拨。作者善于用大量细腻的描写来展现有诗意韵味的景物，透过对景物、环境的描写揭示人物的内心世界。在写景上，作者善于先概写，再分写、细写；按照一定的顺序描写；运用多种手法：动静结合、调动多种感官、虚实结合等。

在此分析之上，让学生仿照课文的写法进行结尾的续写。蔡绮涵同学的仿写如下。

是鸭下蛋的时令，父子俩站在芦苇里，感受鸭的生命，听着水的激打声、鸭的鸣叫声，好像一切都是欢快的。云雾笼罩着芦苇丛，水面明亮得感觉像站在天上。一群群鸭子往外涌，推推搡搡地挤着杜雍和，杜雍和被扑进鸭子稠密的羽毛内，眼前是一片绿黄，杜雍和用手来回盘着蛋，是那样光滑亮白。站在草上，望向草里，四处都隐藏着鸭蛋。这是八月的丰收。杜小康望着父亲，眼中露出了一个孩子的激动。父亲显然也是兴奋的。但他在儿子面前仍保持着镇静。他告诉杜小康，回家，很快就可以回家。杜雍和闻到了一股鸭蛋的泥土味，他哭了，他明白自己为什么落泪。

在这一段的仿写中，淳朴的乡村气息扑面而来，带给人温馨的记忆和恒久的感动，确有《孤独之旅》的语言风格。此次写作训练，涌现出了很多像这样语言美兼情境美、情感美的文字，这不得不说是名家名篇浸润的效果。

五、学习写作框架

一线贯穿式：如《灯笼》以灯笼为线索，回忆与灯笼有关的几件事，抒发家国情怀。学此文时，指导学生仿照此写作框架进行写作。学生的练笔《童年的单车》，小作者张优莼同学以童年的单车作为线索，串起童年生活的点滴，读来亲切感人。

夜幕降临，华灯初上，我爱万家的灯火，爱街上的繁华，更爱骑单车时的悠闲。提起单车，就会想起墙角的那辆早已被灰尘覆盖得不成样子的老古董，想起那清脆悦耳的车铃、吱嘎作响的车轮，想起小时候飞速疾行时留下的那一缕清风，想起父亲后背湿漉漉的衬衫，同耐心轻松的话语，想起雨天车轮划过水洼溅起的水花，想起街边小贩们推着单车的叫卖声，闹哄哄的，他们的车后座上什么吃的都有，糯米、糍粑、糖饼……真的，单车的缘结得太多了，记忆的网里挤着的就都是。

小作者作文的开头即点出记忆中与单车有关的过往，引出下文写童年时与单车有关的几件事，全文一线贯穿，立意非常明确。

平行并列式：如《春》，通过描写春草图、春风图、春花图、春雨图、迎春图，以平行并列式的结构表达对春的盼望和热烈赞美。

层层设疑式：如《驿路梨花》，围绕小茅屋的主人是谁，层层设置悬念和误会，使故事情节一波三折。

时间推移（地点转换）式：如《老山界》按时间变化和地点转移结构全文，真实生动地叙述了红军翻越老山界的全过程，写出了红军不怕困难的革命乐观主义精神。

情节反复式：如《苦恼》写失去了儿子的马车夫约纳，迫切地想找人倾诉心中的痛苦，经历四次倾诉失败，最终不得已对他的马倾诉苦恼的故事。通过同一情节的反复，作者对马车夫约纳表达了同情，对权力至上的黑暗社会、冷漠的人性进行了讽刺和批判。具有这种反复式的情节结构的文章还有很多，像《抱抱曾经的自己》等，都可以作为拓展阅读和仿写的范例。

如黄宇轩同学运用反复式情节结构写的作文《正视不足，超越自我》，主要写二模考试后，面对自己的成绩后悔不已，在老师、同学和家长的劝说帮助下，反思和成长的故事。小作者写了三次相似的情境：不同人在不同场合对小作者错了不该错的一道题的态度。这种反复式的情节让他的作文结构更清晰严谨，写作的水平得到了很大的提升。

叶圣陶曾指出："有些人把阅读和写作看作不甚相干的两回事，实际上写作基于阅读。""把课文讲好，使学生学习每篇文章的思路是怎样发展的，语言是怎样运用的，这就是很好的作文指导。"如果把阅读和教学分割开来，势必导致写作教学时间少、写作实践少，写作没有长期性、习惯性和序列化，变成随机而为，视教学课时所剩多少而为，学生写作能力的提升就非常有限了。只有将阅读与写作一体化，让学生充分接近经典，涵泳经典，模仿经典，写作才能成为有源之水、有根之木，才能真正使学生提高写作水平。

（本文发表在《香洲教研》2022年第6期总第150期）

创新作文方法之我见

初中语文教学新大纲把"注重培养创新精神"作为教学目的明确提出，特别是在作文教学方面，要求我们"鼓励有创意的表达"，足见创新精神非培养不可，创新作文非训练不可。这就要求教师一定要高度重视创新作文教学。因此，在大力实施素质教育的今天，教师要提高学生的作文素质就必须向传统作文教学挑战，创新作文教学辅导的方式和方法。

作文要有所创新，就必须回到写作的根源上去，继承前人的优秀传统——"文以载道""文道结合"，激发学生的创作兴趣，激发学生的写作冲动，"吾以吾手写吾心"。美国著名未来学家阿尔文·托夫勒指出："创新将成为知识经济时代取得竞争力的核心。"可见，开发创新能力是未来社会和经济发展对人提出的要求，也是当今世界教育改革、发展的重点。作为基础教育中的作文创新，对培养创新意识、创新精神和创新能力具有重大作用。

创新作文必须以创新思维作保证，没有创新思维，就不可能有创新作文。目前的学生作文在标题、立意、构思、语言等方面往往是千篇一律的，那么如何在这些方面有所创新呢？笔者在创新作文教学辅导时进行了如下尝试。

方法一：标题新

自拟题目是一门学问。题目如眼睛，文好题一半，所以题目必须讲究，而"新"，新颖、新奇，则是吸引人眼球的重要因素。为了既能够吸引人，又能更好地切题，创新作文标题要做到以下几点。

（1）标题可引用诗词，例如以"友谊"为话题"众里寻它千百度""醉花阴""所谓伊人，在水一方"。

（2）巧设悬念法，例如以"素质教育"为话题"十六岁，老朽了"；以"关爱"为话题"心灵是一棵会开花的树"。

（3）如果标题能够采用一定的修辞手法，则会变得生动形象，例如以"关爱"为话题"不要在冬天砍倒一棵树"；以"珍惜"为话题"守住你的金矿"；以"故乡"为话题"千年月色万年情"；以"文化"为话题"'文化快餐'真的不足取吗"。

（4）标题可以不走寻常路，力求新颖有趣，例如"李白上网""QQ城风波"。

（5）诗情画意法，例如以"机遇"为话题"雨季，我们一起去看海"；以"乡情"为话题"那河·那船·那人"；以"窗口"为话题"今夜星光灿烂"；以"友谊"为话题"风中飞舞的白手帕"；以"足迹"为话题"红舞鞋·蓝精灵"。

方法二：立意高

首先要确立文章的主题。清人王夫之说："意犹帅也，无帅之兵，谓之乌合。"军队没有统帅就是一群乌合之众，没有主题的文章就像没有统帅的军队一样，是没有灵魂、没有生命的。立意是否正确直接关系到作文的成败，立意新颖、高远、深刻是拉开作文档次的一个关键，正所谓"千古文章意为高"。根据作文立意的原则，针对不同的作文要求，可以有如下三种方法。

（1）虚实法。如果作文所写内容是抽象的概念（虚），可采用虚题实写的方法；如果作文所写内容是具体的物象（实），可以采用实题虚升的方法。

（2）点面法。"点"指局部，"面"指整体。有些范围很大的话题，可以采用"缩小范围，以点写面"的方法拟题。

（3）正反法。正：正面表达思想。反：用求异思维反弹琵琶，反面立意。但反面立意要注意的是，不能为反求反，必须注意话题本身的合理性和辩证性。

方法三：结构巧

文章结构其实就是段落或层次的排列。文章段落排列不同，效果就明显不同，因此，文章结构要讲究"巧"。"巧"就是"突破"，就是"创新"。

"良好的开头是成功的一半"，万事开头难，做事如此，写文章也是如此。作文之法的"凤头、猪肚、豹尾"之说，也比较形象地道出了文章各部分的追求目标。"凤头"，是指开头应该不同凡响，有吸引力，能有引人入胜的效果，一般要具有"新""奇""短""趣"的特点。

例1："问世间情为何物，直教人生死相许。"元好问的确好问，也很会问，他这一问可谓一问问千古。多少年来，有多少人在这个问题上徘徊，又有多少人在付出巨大代价后写出了人生最终的答案。但各家之言却如每个人的脸一样，各不相同。

西施说："爱情是工具。……"——《问世间情为何物》

例2：古人云："仁者乐山，知者乐水。"乐山之挺拔俊秀，乐水之轻盈灵动。无怪乎一条青溪会引来诸如李白、杜甫的驻足凝视，会令众多得志或不得志的文人骚客甘愿在此了却一生，不愿再"误入尘网中"。——《水的联想》

例3：盈盈月光，我掬一杯最清的；落落余晖，我拥一缕最暖的；灼灼红叶，我拾一片最热的；美美芳草，我摘一束最灿的；茫茫人海，我要选择哪一种最符合我性情的人生？

托尔斯泰说："好的结尾，就是当读者把作品读完之后，愿把它的第一页翻开来重新再读一遍。"这说明好的结尾往往给人启迪，让人回味。写好结尾，非常必要。文章结尾既要突出重点，又要点出主题，一忌收束过早，二忌点题不透，三忌直呼口号，而应或水到渠成，自然收束；或巧妙点题，升华主题；或含蓄蕴藉，留足空白；或意料之外，情理之中……精彩的结尾一定会给整篇文章增添无穷的魅力。

例1：虽然你现在还只是一株稚嫩的幼苗，然而只要坚韧不拔，终会成为参天大树；虽然你现在只是涓涓细流，然而只要锲而不舍，终会拥抱大海；虽然你现在只是一只雏鹰，然而只要心存高远，跌几个跟头之后，终会占有蓝天。

例2：花季中，我希望自己能永远记住先哲的那句良训：生活的船不能没有理想的帆。生活的理想就是为了理想的生活。——《把梦想带给花季》

除了开头和结尾之外，作文要围绕着一个明确的主旨来构思行文，谋篇布局，是写作训练的一个重点，结构和条理问题，实际上也是思路问题，首先要进行整体构思，然后解决层次安排问题，行文中还要注意文句的次序。就不同文体而言，议论文一般是按照论证思路来安排结构，常见的结构形式有并列式、对照式、层进式、总分式等。记叙文则一般是按照事情发生发展的顺序来安排结构，常见的有纵式、横式、纵横交叉式、环式、扇式等；具体写法上又有顺叙、倒叙、插叙等，而选好一个得当的线索，是记叙文结构安排的关键；形式上还可以采用小标题、日记体、书信体、场景式等模式，突破传统的段落式。

方法四：语言美

古人云："言之无文，行而不远。"作家秦牧也说过："文学作品的文字，除了要求清晰流畅之外，还要求优美。文字如果不能给人以美感，作品的艺术感染力就会大大降低。"的确，语言是文章的"外衣"，光亮与否，直接影响别人对文章的第一印象。只有生动形象的语言，才能感染读者，体现文章的魅力。

例1：在神圣的文学殿堂里，我也可以感受到恬美空灵的自然之息：我可以站在梅雨潭边感受朱自清描写的绿色的陶醉，也可以站在西湖边聆听柳浪与黄莺的对答；我可以乘着刚朵拉去描绘东方威尼斯的图画，也可以静坐在荷花池边欣赏如舞女裙般洁白的荷花；我可以手执长矛独立朔漠，感受那"风萧萧兮易水寒"的悲壮，也可以在夕阳下看那"古道西风瘦马"……在文学里融入自然会感到别有一番风味。在文学的殿堂里，我可以朝谒曹子建，夜访李太白；悲白娘子永镇雷峰塔，叹孟姜女寻夫哭长城；扬鞭策马驼铃古道，执玉扇踯躅杏花江南。

例2：五千年的风雨，五千年的阳光，五千年的杀戮，五千年的辉煌。太阳创造了地球，地球创出了人类，而人类又将他百万年的历史浓缩在了这短短的五千年。从刀耕火种到原子能时代，人类从初生婴儿成长为一个朝气蓬勃的青年，历史在青年的身后静静地躺着，青年迈开大步向前走着，偶尔会回过头来看看：历史的这条足迹弯弯曲曲地延伸着，延伸着。风沙遮住了它，然而，风沙磨灭不了它。

要搞好作文创新，师生都须具有创新意识、创新精神，教师要千方百计启发学生运用想象力，掌握创新方法，进行全面创新，写出创新作文。作文的创新既包括内容方面，也包括形式方面。古人韩愈说过，"惟陈言之务去"，写东西是给别人看的，言语表达的效果是和表达形式的新颖程度成正比的。陈词滥调，内容即使正确，也不容易激起读者的反应，它的表达效果等于或者接近于零。因此，"惟陈言之务去"是一切写作者努力追求的境界。

立意、构思、表述是一个互相联系、相互作用的过程，是一个连续不断的流程。在这个流程中，语言对思维起着梳理和激活作用。当学生不满足于现成而陈旧的套路，苦苦地探求一个比较新颖的切入口，探求一种比较新颖的言语形式时，他们也许会惊讶地发现，一旦捕捉到让自己满意的构思，大脑会兴奋起来，语言会源源不断地、流畅地从笔下直泻而出，而这些动笔之前并没有成形的语句又会反作用于头脑，使思维更加灵活，产生一些新的设想、新的认识。

"功夫在诗外"，很适合现在作文教学的现状。作文教学的辅导方法有很多，作为一名语文教师，应结合学生的实际，不断地创新作文教学方法，努力提高学生作文的综合素质。

参考文献

［1］中华人民共和国教育部.九年义务教育全日制初级中学语文教学大纲：试用修订版［S］.北京：人民教育出版社，2000.

［2］中华人民共和国教育部.全日制义务教育语文课程标准：实验稿［S］.北京：人民教育出版社，2001.

［3］叶圣陶.叶圣陶语文教育论集［M］.北京：教育科学出版社，2015.

（本文发表在《中学课程辅导·教学研究》2014年9期，有删改）

基于"情境"设置的仿写

《2022版语文课标》在学习内容上要求第四学段（7—9年级）学生要"欣赏优秀作品的语言表达技巧"，"阅读表现人与自然的优秀文学作品……借鉴其中的写作手法，表达自己对自然的观察和思考，抒发自己的情感"。

统编初中语文教材八年级下册第一单元的写作专题"学习仿写"中指出："仿写是提高作文水平的有效方法。一篇好文章，在写法上总有值得模仿、借鉴的地方。"

《2022版语文课标》和统编初中语文教材都强调要在阅读名篇时，学习其中的语言、技巧和表达。因此，教师在使用教材上课时，应有意识地引导学生学习名篇佳作的写作精髓，将其内化为学生自身的写作技能。跟着名家学写作，一方面能促进学生对名篇更深入地理解，另一方面也是提高学生写作素养的重要策略。仿写名家名篇，实际上是一种整体性迁移，作家的细节描写、借景抒情、修辞手法及托物言志等创作手法的运用，都会对学生产生影响。以统编初中语文教材里的篇目为例，笔者尝试归纳出以下几种仿写策略。

一、细节仿写

让学生仿写细节前，首先要让学生明白文章中的细节描写有什么好处。

首先，在作文中进行细节描写能够增强作品的真实感和可信度。通过对事物、环境或人物的细致入微的描绘，让人仿佛置身其中，有身临其境之感。

其次，细节描写有助于突出人物性格特点并且能够丰盈人物内心情感世界。通过对人物的外貌特征、言谈举止等细节进行描写，可以让文章中塑造的人物形象更加立体、鲜活。

此外，细节描写还有助于表达文章主题，提升作品的感染力。通过对关键细节的刻画和强调，作者能够更加明确地表达自己的观点和立场，使读者更加容易理解和接受作品所传达的思想和情感。同时，细节描写也能够增强作品的感染力和吸引力，使读者在阅读过程中产生更强烈的情感共鸣和审美体验。通过对一些有趣或独特的细节进行描绘，作者能够吸引读者的注意力，激发他们的好奇心和想象力。这样的细节描写不仅能够使作品更加有趣，还能让读者在阅读过程中获得更多的乐趣和享受。

细节描写在文学作品中具有增强真实感、塑造人物性格、深化主题思想以及增添趣味性和生动性等好处。因此在写作过程中，我们应该注重细节描写的运用，使作品更加丰富多彩、引人入胜。我们一起看看名家在名篇中是怎样在情境中进行细节描写的。

朱自清在《背影》中设置"望父买橘"情境："蹒跚地走到

铁道边，慢慢探身下去……他用两手攀着上面，两脚再向上缩；他肥胖的身子向左微倾，显出努力的样子。"

朱自清在描写父亲帮自己买橘子时，用了连续的动作描写，表达了父亲深深的爱，当然，作者自己对父亲的爱与怀念也是不言而喻的。基于此，笔者设置一个情境，让学生在生活"情境"中，运用连续动词进行仿写。

教师创设情境：深夜，我独自在房间里学习，这时父亲进来给我送了一杯牛奶，为了不影响我学习，他悄悄进来，又悄悄出去。

学生仿写文段如下。

深夜，我独自在房间里学习，灯光下的纸页沙沙作响，笔尖在纸上疾驰。突然，一阵轻柔的脚步声打破了夜的宁静，我抬头望去，只见父亲缓缓走来，手中托着一杯热气腾腾的牛奶。他小心翼翼地端着牛奶，如同托着一个珍贵的宝物。他的手指轻轻搭在杯柄上，仿佛怕稍一用力就会打破这宁静的夜晚。父亲将牛奶轻轻放在桌上时，我能听到那细微的触碰声，仿佛是一个温柔的吻，落在我的心头。父亲转身离开，他的脚步依旧轻盈而稳重，仿佛怕惊扰了这宁静的夜晚。他轻轻关上门，那一刻，整个房间又回归了宁静。

朱自清先生在作品中写的片段是生动的、感人的。学生通过模仿，同样也写出了细腻的情感，达到了细节仿写的目的。

二、借景抒情

借景抒情有助于创造一种物我合一、天人合一的艺术境域。

通过对景物的细致观察和描绘，作者可以将情感融入其中，使景物具有浓厚的思想和感情蕴涵。这种情景交融的写作方式，不仅能够充分地表达作者的思想感情，还能使读者在阅读过程中产生共鸣，感受到作者的情感。

借景抒情具有极强的感染力。作者能够借助景物的形象性，让读者更加直观地感受到自己的情感。这种直观的感受方式，使得读者的情感体验更加深刻，从而增强了作品的感染力。同时，借景抒情能够丰富文章的表现手法。通过对景物的描绘，作者可以巧妙地运用比喻、拟人等修辞手法，使作品语言具有浓厚的文学性。这种文学性不仅能够让读者产生强烈的艺术感受，还能使文章更加生动有趣，吸引读者的阅读兴趣。还有，借景抒情有助于深化文章的主题思想。通过对景物的描绘和情感的抒发，作者可以间接地表达自己的观点和立场，使读者在阅读过程中逐渐领悟文章的中心思想。

借景抒情在文学创作中扮演着重要的角色。它不仅能够创造艺术境域、增强感染力、丰富表现手法，还能深化主题思想。因此，在写作文时，学生应该善于运用借景抒情的方法，使文章更加生动、有趣且富有感染力。我们可以通过仿写名家名篇，教会学生在作文中运用借景抒情的写作方法。

温庭筠在《望江南》中写道："梳洗罢，独倚望江楼。过尽千帆皆不是，斜晖脉脉水悠悠。肠断白蘋洲。"

温庭筠这里设置了一个"思妇盼君"的情境，他借助景物描写，把思妇那种愁肠百结、盼而不归的情感表达得淋漓尽致。

笔者设置了这样一个情境：乐乐的妈妈在上海工作，她几次说要回来看乐乐，但是都因为有事耽搁了。新年就要到了，这次妈妈确定地说，她今年回珠海过年。

学生作文如下。

湛蓝的天空如一块无瑕的宝石，阳光透过云层，洒下金色的碎片，点亮了大地。海风带着海水的咸鲜，轻轻拂过面颊，如同妈妈温柔的抚摸，让我心中涌起一股暖流。街道两旁的树木依旧苍翠，仿佛是大自然为我们守护着家的温暖。路上的行人络绎不绝，每个人的脸上都洋溢着新年的喜悦和期待。而我，也在这份喜悦中，热切期盼妈妈归来。

学生从古诗中攫取方法，将借景抒情的方法用到作文中，起到事半功倍的效果。

三、修辞手法

修辞手法在作文中扮演着至关重要的角色，它能够给作文带来诸多积极的作用。

修辞手法能够增强作文的表达效果。通过使用各种修辞手法，如比喻、拟人、夸张等，作者可以将抽象的概念、情感或景象具象化，使读者能够更直观地理解和感受作者的意图。这样的表现手法不仅使作文更加生动有趣，还能让读者在阅读过程中产生共鸣，增强作品的感染力。同时，修辞手法能够丰富作文的语言表达。通过巧妙地运用修辞手法，作者可以创造出独特的词汇、句式和表达方式，使作文的语言更加丰富多彩。这样的语言表达不仅能够提升作文的文学价值，还能吸引读者的注意力，使他们对作文产生更浓厚的兴趣。

通过使用修辞手法，作者可以更加明确地表达自己的观点和立场，强调作文的中心思想。这样的表现手法不仅有助于读者更好地理解作者的写作意图，还能使作文的主题思想更加深入人心，给读者留下深刻的印象。修辞手法本身就是一种艺术创作手段，通过巧妙地运用它们，作者可以创造出具有独特风格和魅力的作品。这样的作品不仅具有较高的艺术价值，还能让读者在阅读过程中得到美的享受。

修辞手法的使用能够增强作文的表达效果、丰富语言表达、深化主题思想并提升艺术性。因此，在写作文时，我们应该灵活运用各种修辞手法，使作文更加生动、有趣且富有感染力。

鲁迅在《社戏》中设置了"得偿所愿"的情境。一波三折后，他终于可以去赵庄看戏了，于是他运用比喻、拟人等修辞，描写了一段月色下的美景，借由这美景表达了自己的喜悦之情："两岸的豆麦和河底的水草所发散出来的清香，夹杂在水气中扑面的吹来；月色便朦胧在这水气里。淡黑的起伏的连山，仿佛是踊跃的铁的兽脊似的，都远远地向船尾跑去了，但我却还以为船慢。"

设置情境："几经波折，我终于把周末所有作业都完成了，于是我和小伙伴们在小区里快乐地玩耍。"

学生仿写如下。

几经周折，我终于完成了周末作业。飞快地跑到楼下，和小伙伴如脱笼之鸟，欢跃于小区绿地上。花草芬芳扑面，阳光如金弦跳跃。远处山丘静卧，守护我们的笑声。我们如精灵般奔跑，笑声清脆流淌。时间虽逝，却似蜗牛缓行。此刻，我们主宰世界，编织快乐童年。

四、托物言志

托物言志是一种间接而富有艺术性的写作手法。作者通过对客观事物的描写或刻画，能够间接地展现出自己的志向、意愿和情感。这种手法使得作品更加含蓄、深沉，给读者留下更多的思考和感悟空间。同时，通过对具体物象的描写，使得抽象的思想和情感得以具象化，更加直观、形象地呈现在读者面前。这种具象化的表达方式有助于读者更好地理解和感受作品所传达的深层意义。

托物言志还能够使作品更具感染力和共鸣力。对物象的细致描绘和情感的抒发能够触动读者的内心，引起读者的共鸣。在欣赏作品的同时，读者也能够感受到作者的情感和志向，从而与作品产生更深的联系。托物言志也是作者展示自己独特艺术风格和才华的一种方式。通过对物象的选择和描写，作者能够展现出自己的审美趣味和创作理念，形成自己独特的艺术风格。因此，名家们常常喜欢运用这种手法来写作。

周敦颐在《爱莲说》中采用托物言志的手法，通过写莲出淤泥而不染的精神，来表现自己高洁傲岸，不与世俗同流合污的情操："予独爱莲之出淤泥而不染，濯清涟而不妖，中通外直，不蔓不枝，香远益清，亭亭净植，可远观而不可亵玩焉。"

设置情境：欢欢在学习上遇到了困难，但是他不畏困难，执着追求，请用托物言志的手法，以"竹子"为意象，表达他不懈追求、永不言退的品质。

学生仿写如下。

欢欢之求学，如竹之傲立。不求华丽之姿，但求坚韧之骨；不求速成之功，但求深耕之果。困难重重，他亦不屈；挑战连连，他更奋然。如竹之生长，一节一节，步步为营；如竹之品格，清雅脱俗，永不言弃。竹影婆娑，映照其勤奋之姿；竹声萧萧，述说其坚韧之志。

五、一线串珠

一线串珠法要求选取一个最能体现文章主旨的事物作为贯穿全文的线索，将一组精选的材料连缀成篇，这样，文章就会有一条清晰的脉络，各部分内容都能围绕这条线索展开，形成有机的整体。这种方法不仅使得文章结构严谨，而且能够让读者更容易理解和把握文章的中心思想。同时，通过巧妙地运用线索，作者可以将各种素材和情节有机地串联起来，使得文章内容丰富多彩，这样，文章不仅具有外在的形式美，更具备内在的思想美。

一线串珠法也是一种有效的构思和布局方法。它要求作者在写作前就对文章的整体结构进行规划和设计，明确各个部分的内容和关系。这样，作者在写作过程中就能够有条不紊地展开，避免出现思路混乱或内容重复等问题。一线串珠法在作文中具有诸多妙处，不仅有助于文章结构的清晰和紧凑，还能丰富文章的表现手法和内涵，增强感染力和吸引力，同时也是一种有效的构思和布局方法。因此，在写作时可以尝试运用这种方法来提升文章的质量。

吴伯箫在《灯笼》一文中，以"灯笼"为线索，创设了多个情境，例如祖孙月下谈天、母亲桥头等儿、醉里挑灯看剑等。既有小家温情，也有报国豪情。学此文时，可以指导学生仿照此框架进行写作。

创设情境：中秋佳节，圆圆一家人坐在院子里，桂花树散发着淡淡的香气，妈妈给她讲起了外婆从前的故事。

学生仿写如下。

桂花香中的外婆

金秋时节，桂花飘香。那淡淡的香气，仿佛穿越了时光的隧道，引领我回到了那个与外婆相伴的温馨时光。

外婆的家门前，有一棵古老的桂花树。每到秋天，那满树的桂花便如繁星般点缀在绿叶之间，散发出沁人心脾的香气。每当我走进那个熟悉的小院，那香气便迎面扑来，仿佛是外婆用她温暖的手轻轻抚摸我的脸庞。

外婆是个勤劳而慈祥的老人。她喜欢在桂花树下摆放一张小桌，泡上一壶清香的茶，然后静静地坐在那里，欣赏着桂花飘落的美景。我也常常陪在她身边，听她讲述那些久远的故事，感受着那份宁静与温馨。

……

桂花香中，我仿佛又看到了外婆那慈祥的笑容，听到了她温暖的话语。那香气，将我与外婆紧密地联系在一起，成为我心中永恒的回忆。

小作者作文的开头即点出记忆中与桂花有关的过往，引出了下文与外婆相处的时光，全文一线贯穿，立意非常明确。

　　仿写是为了更好地输出语言，也是为了更好地运用语言。通过有目的的、持续的仿写训练，学生就仿佛站在巨人的肩膀上，驾驭语言文字的能力会越来越强。作家茅盾说："模仿是创造的第一步，又是学习的最初形式。"跟着名家学写作，于模仿中学会迁移，在实践中形成能力，可以切实提高学生的写作水平。

"单元导读""预习"和课后练习
"三结合"做好教学设计

　　统编新版初中语文教材较旧版教材进行了很多创新设计，力求构建教本与学本互为一体的语文教材，多层次构建便于学生自主学习的助学系统便是其中的一大创新设计。而"单元导读"、教读课型中的"预习"和课后练习的编写，又是助学系统设计的三大亮点。

　　"语文课程内容在教科书中的呈现主要是通过教科书的选文系统、知识系统、助读系统、练习系统来完成的。教科书的编辑者借助一篇课文的'助读'和'练习'，不仅确定了它的课程内容，而且使内隐于课文中的教学内容外显出来，以强化课程内容的指向性和针对性。"因而，教师若对这三大创新设计视而不见，只安排学生读读"单元导读""预习"，布置作业，做做练习，那只能算走了个过场，而没有领悟教材设计的意图。笔者认为，在教学中应充分运用"三结合"，即结合"单元导读""预习"和课后练习做好教学设计，有效引导学生对文本的阅读理解及积累迁移。

一、"三结合"确定教学目标

统编新教材采用人文主题与语文要素两条线索组织单元，强化语文学习的综合性和实践性；按照新课标的学段目标要求，细化知识的掌握与能力的训练，落实到各个单元，努力做到"一课一得"，建构适合中学生的语文核心素养体系。因而教师在确定教学目标时要有整体教学意识、单元教学意识，要重视单元各篇之间的内在联系，结合"单元导读""预习"和课后练习确定教学目标，防止孤立学习，把知识系统肢解。

统编新教材每一单元都有单元导读，其中既有对本单元人文主题的解读，又有对相关语文知识、阅读策略、阅读方法、学习习惯等的指导。教师应仔细研读"单元导读"，依此来制定教学目标。如七年级下册第一单元"单元导读"有两段文字，其中第一段："历史的星空，因有众多杰出人物而光辉灿烂。他们中有叱咤风云的政治家，有决胜千里的军事家，有博学睿智的科学家，还有为人类奉献宝贵精神食粮的文学艺术家……阅读本单元的课文，能让我们感受到他们的非凡气质，唤起我们对理想的憧憬与追求。"这段话明确了本单元课文的一个学习目标：感受杰出人物的非凡气质，唤起学生对理想的憧憬与追求。教师应将此作为本单元每一课的学习目标。

"单元导读"的第二段："本单元学习精读，要在通览全篇、了解大意的基础上，把握关键语句或段落，字斟句酌，揣摩品味其含义和表达的妙处。还要注意结合人物生平及其所处时代，透过细节描写，把握人物特征，理解人物的思想感情。"这段话既道出了本单元学习的目标为"学习精读的方法""通览全篇、了解大意""把握关键语句或段落""字斟句酌，揣摩品味关键句段的含义和表达的妙处"，又有具体方法的指导——"结合人物生平及其所处时代"，"透过细节描写"等。这些语句常常为教师所忽略，但这实在是不应该的，因为它是单元学习的导航，是阅读教学的重中之重，是学生提高阅读质量的有效方法。教师只有将这些内容了然于心，才能在教学设计中落实阅读教学的目标。

"预习"，是位于教读型课文正文之前，引导学生进入课文阅读的简短的文字。它是教材的重要组成部分，既为教师的"教"提供了依据，也为学生的"学"指明了方向和方法。如《河中石兽》的课文"预习"中的一段话："阅读课文，看看作者讲了一个怎样的故事。参考注释，留意某些词古今不同的意义。"据此可确定本课的教学目标为"借助工具书和注释理解文章的内容；积累文言词汇，掌握古汉语的意义和用法"。

课文后的习题是根据所学知识的重点和难点精心设计的。因而笔者认为应研究课后习题，理解习题的设计意图，制定合理的教学目标，突出教学重难点，使教学目标成为教学设计和实施的"指南"。如七年级下册《驿路梨花》课后的"思考探究"和"积累拓展"设计启发我们，这篇课文要突出的重点内容可以是：理出故事情节（练习一）——理解构思的巧妙（练习二）——体会标题的妙处（练习三）——联系实际论"公德"（练习四）。将这四点进行扩展、充实，就是一篇紧扣课文、重点突出的教学设计。可见，紧扣课文后的习题确定教学目标，是有效性阅读教学的一个重要策略。

二、"三结合"设计教学板块

（一）利用"预习"激趣导入

统编新教材的"预习"，有激发学生阅读兴趣，调动阅读期待的功能，在教学设计中，如能结合"预习"，巧妙预设，一定会收到良好的效果。如七年级上册《猫》一文的"预习"有这样几句话："一个爱猫的家庭最终'永不养猫'，其间发生了什么事情？带着这个问题去读课文，注意梳理文章的思路，特别是'我'思想、情感的前后变化。"一个爱猫的家庭最终永不养猫，这是为什么呢？若以此作为导入，学生也不禁产生疑问，进而渴望寻求解答，从而产生浓厚的阅读兴趣。

再如七年级下册《紫藤萝瀑布》"预习"的第一段："看到题目，你会想到什么景物？先不读课文，尽量去想象，试着把自己脑子里形成的画面，用三五句话'定格'下来。"不妨就将此作为课文的导入，让学生展开想象的翅膀，在诗情画意中走近紫藤萝，体悟作者的感情，这样不是很好吗？

（二）参考练习巧设环节

统编新教材的练习，进行了创新设计，分为两个层次：一是思考探究，主要从内容、情感、主题、写法等方面启发学生思考；二是积累拓展，主要引导学生对课文进行积累、品味、拓展、延伸，与文本以外的内容建立起广泛的联系。两个层次的练习，体现了思维的渐进性，由课内到课外延伸拓展，由理解把握文本到积累梳理语言材料、扩大拓展学习资源，举一反三，将其内化为语文素养。教师应在备课时认真钻研这些课后练习，理解把握教材重难点，进行教学设计，使之落实到教学环节中。

如七年级上册《穿井得一人》课后的练习有这样一些内容："①从《穿井得一人》中，你获得了怎样的启示？生活中为获得真知真见，避免道听途说，应该怎么做？与同学讨论一下。②解释下列句中加点的词。③……任选课文中的一则寓言……重新设计情节，赋予其新的寓意，把它改写成一篇新的寓言。"根据以上这三个练习，可以这样设计教学环节：朗读—疏通—讨论—练笔。第一，朗读课文，旨在熟悉文言文的表达方式，增强文言文的语感；第二，疏通文义，积累文言词汇；第三，学以致用，联系实际，合作讨论；第四，改写寓言，体会寓言的特点。巧用课文后习题进行教学设计，可以防止教学中人为拔高或离题万里，从而提升教学效果。

（三）适时点拨传授方法

统编教材在"单元导读""预习"和课后习题中，都有对学习方法的指导。如七年级下册第三单元的单元导读在精读方面给出了更为具体实用的指导："要注意从标题、详略安排、角度选择等方面把握文章重点。还要从开头、结尾、文中的反复及特别之处发现关键语句，感受文章的意蕴。"

如七年级上册课文《从百草园到三味书屋》"预习"中关于默读的引导："默读可以提高阅读速度，有利于较快把握文章大意。试着采用默读的方式，不分心，不停顿，一气读完全文，了解课文大意。如果遇到生字、生词，可用猜读法或暂时跳过去，留待以后再去学习、积累。"

再如七年级下册《黄河颂》课后"积累拓展"第三题："做批注是非常好的读书方法。阅读时把自己的感悟、理解、评价或疑难问题，用简练的语言和相应的符号标注在文章的空白处，这就是做批注。①学习课文中的'批注示例'，想一想示例是从哪些角度进行批注的。②请在课文中选出最能体现黄河特点的两三处词句，仔细品味并加上批注。"

统编教材的助读系统穿插在"单元导读""预习"和课后习题中，教师应重视并适时恰当地在教学中予以点拨，处处为学生考虑，适应学生自学的需要，提高学生自主学习的能力。

三、"三结合"打破时空，延展教学

统编教材着力构建由"教读"到"自读"再到"课外阅读"三位一体的阅读教学体系，课外阅读成为课程的有效组成部分。因而在篇章设置上，每单元教读课文2—3篇，自读课文1—2篇，每单元推荐3—5篇课外自读，每册推荐6部整本书阅读。仔细研读教材不难发现，统编教材注重课内向课外的延伸拓展，增加了阅读量，力求实现课标倡导的"独立阅读，自主阅读，个性化阅读；多读书，读好书，好读书，读整本的书"。教师要落实好学生的自主阅读，就要打破课堂教学的时空限制，延展教学，在学生的作业上进行设计，引导学生养成课外阅读的习惯。

另外，在"单元导读""预习"和课后习题中都有形式多样的语文学习活动，如让学生查阅收集资料、举办诗歌朗诵比赛、迁移练笔、收集古诗、交流故事、谈谈感想等，使语文课程与其他课程、课内与课外相联系。这种以教材为依托的拓展性练习，让语文教学从封闭的课堂中走出来，走向生活，走向社会，既拓展了学生语文学习的空间，又对学生语文能力的提高有很大的益处。2011版语文课标指出，"教学中努力体现语文课程的实践性和综合性"，"语文课程是实践性课程，应着重培养学生的语文实践能力，而培养这种能力的主要途径也应是语文实践"，"应该让学生多读多写，日积月累，在大量的语文实践中体会、把握运用语文的规律"。注重实践，学用结合，既是提高语文学习效率的重要途径，也是理解内化语言的重要途径。教材中结合生活实践的练习很多，教师要善于以此为切入点，组织教学。

统编新版初中语文教材使得语文课堂教学活动有了更丰富的内容，也有了更高的要求。笔者认为，教师在进行教学设计和开展教学活动时，要结合"单元导读""预习"和课后习题，努力提升学生的学习兴趣，规范其学习态度和学习习惯，培养其正确的人生观和良好的语文素养。

参考文献

［1］中华人民共和国教育部.义务教育语文课程标准：2022年版［S］.北京：北京师范大学出版社，2022.

［2］张秋玲.语文教学设计：优化与重构［M］.北京：教育科学出版社，2012.

从文学作品中塑造的形象观照作家情感世界

——以《朝花夕拾》中的三个人物为例

在回忆性散文集《朝花夕拾》中，鲁迅先生写了众多人物，也从不同侧面展现了自己与这些人物的情感关系。细细探究可以发现，鲁迅先生不仅表达了自己对这些人物个体命运的关注，还通过这些人，展现了他对社会的深刻洞察和对人性的深入思考。本文仅以鲁迅先生对阿长、藤野先生和范爱农的情感为例，进行探究。

一、"我"与阿长

《朝花夕拾》中，"我"与阿长的情感关系主要体现为一种深厚的亲情。阿长作为"我"的保姆，她的质朴、善良和无私的付出，让"我"深深感受到亲情的温暖。"我"通过回忆，表达了对阿长无尽的感激和怀念。

首先，阿长作为鲁迅儿时的保姆，她的存在本身就是社会阶层结构的一个缩影。在封建社会中，农村劳动妇女往往处于社会的底层，她们生活艰辛，甚至连姓名都没有，但她们默默地承担着家庭和社会的责任。阿长正是这种社会现实的写照，她粗壮耐劳，真诚善良，但同时又受到封建迷信的影响，唠叨、满肚子是麻烦的礼节。这种形象揭示了当时社会的阶级差异和文化的局限性。

其次，鲁迅通过与阿长的互动，展现了对人性的深刻思考。尽管阿长身上有许多让鲁迅感到厌烦的地方，比如她睡相不好，喜欢切切察察，甚至踩死了鲁迅心爱的隐鼠，但鲁迅也看到了她真诚善良的一面，比如她不顾辛劳为鲁迅寻购《山海经》。这种复杂的情感关系使鲁迅认识到，人性是复杂而多面的，每个人都有其优点和缺点，不能简单地以好或坏来评价一个人。

鲁迅在《阿长与〈山海经〉》中通过对阿长形象的细腻刻画和欲扬先抑的写作手法，表达了对这位劳动妇女以及童年快乐时光的深切怀念。这种写作手法不仅增强了文章的艺术感染力，还使得读者能够更深刻地理解和感受到鲁迅对阿长的复杂情感。

通过对阿长这个人物的描写，鲁迅表达了对当时社会现实的批判。他看到了社会的不公和冷漠，也看到了人性的复杂和多样。他希望通过自己的文字，唤起人们对社会现实的关注和思考，同时也引导人们更加深入地理解人性的本质。

通过阿长的形象，鲁迅传达了对社会现实的批判和对人性的深刻理解，同时也表达了对劳动妇女的尊敬和怀念。许多评论家都认为阿长这一形象体现了鲁迅对乡村妇女传统美德的赞美，同

时也揭示了当时社会对于底层人民的忽视和冷漠。这种情感表达
不仅具有深刻的社会意义，也展现了鲁迅对于人性的深刻洞察。

二、"我"与藤野先生

"我"与藤野先生的情感主要体现在师生情谊和对学术追求的
共鸣上。藤野先生作为"我"的老师，他的严谨治学、关心学生
让"我"深受感动。在藤野先生的影响下，"我"坚定了自己的
学术追求信念。

藤野先生这一形象代表了鲁迅对于知识分子的尊重和敬仰。
通过与藤野先生的交往，鲁迅不仅学到了知识，更学会了如何成
为一个有追求、有担当的人。这种情感表达体现了鲁迅对于知识
和精神的崇高追求。

当然，藤野先生这个人物形象在《朝花夕拾》中，不仅是鲁
迅求学经历的见证者，更是鲁迅对社会现实和人性的深刻思考的
具体体现。

首先，藤野先生作为鲁迅在日本留学期间的医学老师，其认
真严谨的治学态度和对中国人民的真挚友谊，为鲁迅树立了崇高
的榜样。藤野先生对鲁迅的关心和帮助，尤其是在鲁迅遭受日本
学生歧视时给予的支持和鼓励，展现了跨越国界的人性光辉。这
种情谊不仅体现了人与人之间的真诚与善良，也反映了在特定历
史背景下，不同民族和文化之间应有的理解和尊重。

其次，通过藤野先生这个人物，鲁迅表达了对当时社会现实
的深刻批判。在鲁迅所处的时代，中国正经历着深刻的社会变革
和民族危机。而日本作为当时的强国，其社会和文化对鲁迅产生

了深远的影响。在日本的求学经历使他深刻认识到，无论是中国还是日本，都存在着社会的不公和偏见。藤野先生对鲁迅的平等对待和无私帮助，与那些歧视和嘲笑鲁迅的日本学生形成了鲜明的对比，凸显了社会现实的复杂性和人性的多面性。

对于人性，鲁迅通过藤野先生这个人物进行了深入的思考。他看到了藤野先生身上那种超越国界、种族和文化的真挚情感和无私精神，也看到了那些日本学生身上所体现的狭隘和偏见。这种对比使鲁迅更加坚信，人性是复杂而多样的，既有善良和真诚，也有自私和偏见，而我们要做的，就是努力发掘和弘扬人性中的善良和真诚，同时克服和消除那些自私和偏见。

鲁迅不仅通过藤野先生这个人物形象展现了自己对当时社会现实的深刻批判，也表达了他对人性复杂性和多样性的思考，还传达了对真挚友谊和无私精神的赞美。

三、"我"与范爱农

"我"与范爱农的情感关系则更为复杂。"我们"既是朋友，又有着不同的人生观和价值观。范爱农的悲惨命运让"我"深感惋惜，同时也引发了"我"对于社会现实的深刻反思。

范爱农这一形象揭示了当时社会的黑暗和不公，通过记述与范爱农的交往和冲突，鲁迅表达了对社会现实的批判和反思。这种情感表达不仅具有深刻的社会意义，也展现了鲁迅作为一个文学家的敏锐洞察力和深刻思考。

在鲁迅的笔下，范爱农这个人物形象是晚清时期具有民主思想的知识分子的缩影。他正直、善良、有理想，对国家民族的命运深感忧虑，对黑暗社会充满不满，但又无力反抗。范爱农的遭遇和内心矛盾，反映了当时社会的残酷和无情，以及知识分子在困境中的无奈和挣扎。

鲁迅通过范爱农这个人物，表达了对当时社会现实的深刻批判。他揭示了封建社会的黑暗面，以及这种社会制度对人们思想的束缚和压迫。范爱农的觉醒和抗争，是鲁迅对民主思想的呼唤，也是他对社会进步的期望。

在人性思考方面，鲁迅通过范爱农的遭遇，展现了一个正直善良的人在困境中的挣扎和妥协。范爱农内心的痛苦和悲凉，不仅是他个人的遭遇，也是那个时代许多知识分子的共同命运。鲁迅还运用了对比和衬托的手法，如通过描写衙门里的人物与范爱农的衣着对比，以及办报少年的偏激行为与范爱农的勤勉态度的对比，增强了文章的表达效果，突出了范爱农的性格特点。

范爱农这个人物形象表现了鲁迅对当时社会现实的深刻思考，也表现了他对人性的深入思考和探讨。鲁迅对范爱农的同情和悼念，表达了他对人性中善良、正直一面的珍视，同时也揭示了社会现实对人性的摧残和扭曲。通过范爱农的故事，鲁迅呼吁人们关注社会现实，追求民主进步，同时也提醒人们珍视人性中的善良和正直，勇敢面对困境和挑战。

总的来说，阿长、藤野先生、范爱农三个人在鲁迅的人生和文学创作中都扮演了重要的角色。他们的影响不仅体现在鲁迅的文学作品中，更体现在他的人生观念、治学态度和思想发展上。

《朝花夕拾》中的"我"与文本中人物的情感关系丰富而复杂。这些情感不仅体现了鲁迅对于亲情、师生情和友情的珍视，也体现了他对于社会现实的深刻反思和批判。这些情感关系不仅是鲁迅个人经历的写照，更是他作为一个文学家对于人性和社会的深刻洞察和反思。通过深入剖析这些情感关系，我们可以更好地理解鲁迅的文学思想和创作风格，也可以从中得到启示，为我们的生活和创作提供宝贵的参考。

参考文献

［1］王荣生.散文教学教什么［M］上海：华东师范大学出版社，2014.

［2］胡经之，王岳川，李衍柱.西方文艺理论名著教程：上卷［M］.北京：北京大学出版社，2003.

文法诗心，大道至简

——读《文心》有感

读夏丏尊和叶圣陶两位大师的《文心》，我深深地被书里面读书学习的生活所吸引。其中有儒雅多识而又亲切的王仰之先生，有亦父亦师亦友的长辈枚叔，有富有探索精神、昂扬向上的许多同学。是的，我深深被打动。我想起了我上高中时的语文老师，因为我的语文老师，我喜欢上了文学，也因此选择了汉语言文学作为自己的专业。我对文学的喜爱，绝不来自成绩，不来自每日的刷题和公式似的答题技巧，而来自真正的，对文字、对文学本身的感受。因为那时的课堂，老师常常给我们读文章，读完后，我们漫谈理解和感受，所以每一次语文课，我都充满了期待。有一次，我印象特别深刻，老师带全班同学去学校后的一片树林，坐在林间，感受来自林间的风、林间的鸟鸣、林间的气息，然后回去写作。还有一次大雪过后，老师带我们去赏雪，二十多年过去了，老师讲过什么我不记得了，可是那"独坐幽篁里"和"千树万树梨花开"的情境却永生难忘。

　　王栋生老师曾说，只要能让学生喜欢你的语文课，只要能让学生树立终身学习语文的意识，你用什么方法是你自己的事。是啊，有什么比激起一个学生对语文的热爱更重要的呢？读《文心》，感受大师的教学风范，体悟作为一名语文老师，如何让学生爱上语文课。

一、教师与学生亲密合作，适时指导与鼓励

　　愉悦的课堂，离不开师生间的亲密合作。《文心》虽是一本讲述语文知识的书，包含了修辞、语法、词汇、诗词、小说、日记、书信等诸多与阅读写作相关的知识，但它以故事的形式呈现，以情境再现的方式让人走入其中，因此丝毫没有枯燥乏味之感。书中大文和乐华的老师王仰之先生充满智慧，博学多才又儒雅温和，无论在课堂内还是在课堂外，都给学生以适时引导。如几位同学要写《抗日周刊》评论栏的文字，就在上课时请求先生予以指导，先生便点头应允，从知、情、意三个角度例说如何认清目标，表情达意。再如，乐华向王先生请教如何选择文学史阅读的书信往来，学生急于求教，先生乐于指教。又如，学生于画室偶遇王先生与李先生时关于习作创作与应用的探讨。老师对学生独立思想的尊重，对学生思辨思维的启发，对学生自主探求的支持，这种亲密合作关系是教学中最理想的师生关系。

二、引导学生主动探究，让学生感到实际的需要

　　因有实际的需要，才有强大的内驱动。在《文心》中，可以处处感受到这一群初中孩子旺盛的学习力、积极的自发力。在

"知与情与意"这一章中，讲到因"九一八"事变，各地学校纷纷组织抗日会，努力宣传及抵制日货。学生因要写抗日文字，向王先生请教就是很好的例子。学生因有实际的需要，更加主动地探索，完成之后，是何等有成就感！因有实际需要，学生自然不会应付，只想用尽办法使它达到理想效果。因而，在书中，常常是学生追着老师问，想办法改进。如有这样一种心思，又何愁学生学不好呢？而学生之所以能这样做，老师起了主导作用。老师把主要的功夫下在引导方面，启发学生在阅读和写作的实践中发现问题，并鼓励和指导他们自己去讨论、解决。

在我们现在的实际教学中，以写作教学为例，更多的是老师命题，学生写。而命题，又实如书中所说，"一派出题目的人，不管练习的人，要你说什么你就得说什么"。许多情形下，学生写作是被动而无奈的。写不懂的，写没经历的，写老师想看的……因为不是出于实际的需要，长此以往，无话可说的学生开始胡编乱造或者老生常谈，作文就成了假的、空的、千篇一律的。如何让学生感到实际的需要呢？我想就是将学生置于真实的生活情境，让写作发生于生活中间。

这里我想起了王栋生老师在《王栋生作文教学笔记》中写到的这样一则教学案例：学校利用清明放假组织高一学生完成例行的"31公里步行"活动。事后很多学生在随笔中表达对这次活动的失望。有的同学有抵触情绪而大发牢骚，有的同学详谈了自己的看法。因此，老师可借机安排一次"活动计划书"的写作，明确"你的报告很有可能对学校以后的步行活动产生深远影响"，让学生感到实际的需要，以培养学生说明事务、辨析事理的能力。很多同学动笔起草计划书时才发现：发泄情绪和评头论足容易，但讲清道理、拿出主张却不容易。不过每个同学都有切身感受，所以有表达的意愿，对遇到的困难也会进行反思。这极大地调动了学生的积极主动性和思维活力，每个人都有建设性的意见或独到的见解。

在我们的实际教学中，也不乏此类情境写作需要。如针对社会热点时事发表评论，对校园新近发生的事件进行报道，为获奖同学写颁奖词，学校元旦会演的主持稿串联词，乃至对遇到问题的同学的劝说，为班级即将进行的演讲比赛绘制海报，等等，都是基于真实情境需要的写作，"是生活中间的一个项目，并不是随便玩玩的一种游戏"。教学中，需要教师把握住时机，调动学生积极的思维，让兴趣成为写作的动力，让"作文不是无所为的玩意"。

三、做读书的种子，给学生语言文学的滋养

写作方法、技巧的掌握，都建立在读的基础上。

"图书室前面的梧桐叶已落尽了，葵扇样的黄叶不时飘打到瓦檐上，再翻下庭间或廊间水门汀上，'嘀嗒'有声。一群男女青年浴着无力的太阳光，把头齐向着教员宿舍的总门。"让我们来看看大师是怎样教学生写读书笔记的吧。"全体在长长的阅览台旁围坐以后，王先生从衣袋中取出预先写好的书单子来，和张先生两人向书架上去检书，一霎时，王先生的座位前堆满了许多的书册子。王先生从书堆里取出两部书略加翻动。大家凝视着成堆的书册，静待王先生开口。"对于如何做读书笔记，王先生

没有长篇大论，甚至惜字如金。只是挑选书籍，选择篇目让学生读。这一节课上，让学生传阅的有九部古人所作的笔记，提到的有十部左右。通过阅读古人的读书笔记，让学生认识到读书笔记并非只是把读过的书摘抄几行或几句，而是记述读书的心得与研究结果。"读书要精细，才能写出读书笔记，反过来说，试写读书笔记，也就是使读书不苟且的一种方法。"在这里，老师不博览群书又如何能做到将各种古人所记的读书笔记信手拈来，让学生在繁杂的书目中领悟透彻呢？《文心》用故事的体裁来写国文知识，虽有虚构和理想化，但作者夏丏尊先生和叶圣陶先生都做过多年的教师，本书也自然是大师教学思想、教学方法的再现。读此书，我深以为，教师的博学多识与个人修养，是教好学生的根基，教师只有多读书，才有底气、有能力给学生最适时、最恰当、最有效的指导；才能获得学生的敬佩，将阅读的种子埋进学生的心中，更好地引领和促进学生的学习与成长。

这又让我想起了李海林教授在《美国中小学课堂观察》里所记述的在美国听到的一节课——"亨利八世"。在这一节课中，教师并没有对亨利八世进行过多的讲解和评价，而是发给学生大大小小八篇左右的阅读材料。学生在课堂上进行阅读，每篇后面有几个助读性的问题，帮助学生理解所读材料。接下来就是学生通过写作来表达自己对亨利八世的认识与评价。这一节课看似很简单，表面上教师几乎没有做什么，只是学生进行阅读和写作，但这节课的阅读材料却是教师在众多材料中筛选出来的，是能帮助学生认识理解的阅读支架。这可并非一时之功，需要教师有广泛的涉猎和精心的设计，方能织出这样一张阅读的网。

四、整合利用各种资源教学，灵活采用教学形式

王先生的课堂，常常有让学生耳目一新或可期待之处。书中说到，王先生邀他的亲戚赵景贤先生来校，对三年级学生作关于修辞学的讲演。赵先生是研究修辞学的，王先生便想办法邀请赵先生来讲学，学生也很期盼这样的学习机会，"有些学生到图书室去借阅有关修辞学的书，以期听讲时可以格外容易了解"，"天已近晚，赵先生的讲演就在笑声与拍手声中结束了"，老师真心付出，学生全情投入，这于教育是何等的幸事啊！

再如，书中讲到，一个星期六的下午，锦华和慧修到美术教师李先生处交写生成绩，被一幅画吸引，由此，李先生向两位同学介绍词这种文学形式。李先生由温飞卿的《菩萨蛮》讲到辛弃疾的《菩萨蛮》，再到词选、词的意境，让两位同学听得着了迷。美术老师有如此深厚的文学修养，既讲授了美术之"美"，又讲了文学的知识和意境美。"我今天又要替王先生教国文了。哈哈！"这是何等的自信与舒畅啊！作为老师，我追求这样的境界；作为学生，我渴盼有这样的老师！这文字中，不能不说带着大师们教学的经验和影子，至少是他们的语文教学理念和教育理想。这样的教育模式既自然新颖，又融合了多学科的专业知识，这不正是我们今天所倡导的学科融合教育吗？九十年前，夏丏尊先生和叶圣陶先生已经在倡导和践行着了！而我们今天所强调的跨学科、多学科的融合，除了整合利用各种教学资源，更要真正从我们的语文老师开始。语文老师要以身作则，多读书，修言行，方能让语文在学生的心里发芽开花呀！

篇篇锦绣，字字珠玑

——从电视节目语言想到教师的教学语言

　　语文课堂是一个人文性极强的课堂。它可以让学生在潜移默化中受到熏陶，可以让学生在疲惫的学习中感受到语文学习的乐趣。但是，也正是因为语文学科有这种特点，使得语文课堂可能是逸趣横生的，也可能是枯燥无味的。如果是后者，那么就是失败的语文课堂。语文教育崇尚浪漫主义和理想主义，旨在塑造完美人格，促进学生个性发展，然而现在我们的语文教育似乎缺少了些灵气，更多的是冷漠和暗淡，我们的大多数学生也已经无意顾及生活的诗意、个体的价值和精神上的丰富。我曾经与很多高中、初中学生交谈，了解他们学习语文的情况，让我惊讶的是，很多学生觉得语文学不学都一样，没什么可学的。面对这种情况，我们作为语文教师应该反省，应该感到教学方式的改进和改革迫在眉睫。

　　与语文课堂的这种冷淡相比，最近几年兴起的旨在让更多人了解经典的大众文化传播节目却取得了巨大的成功。《百家讲坛》对于广大电视观众来说并不陌生，它以浓厚的人文性、通俗性与趣味性而深受观众朋友的青睐。"教师教学使用什么样的语言，其实传达的是一种趣味和境界。"如果我们老师能像大师一样用自己的语言创造出一种充满魅力的境界，以此来吸引学生，让学生在语文课上尽情地驰骋，尽情地思考，就一定能提高教育教学效率，达到事半功倍的效果。

一、丰厚的文化底蕴

肖川在他的《好教育好人生》一书中说道，所谓文化底蕴就是对于人类精神成就分享的广度和深度，就是学识的修养和精神的修养。老师只有具有丰厚的文化底蕴，才能创造一个真诚、深刻和丰富的课堂，才能带给学生以广博的文化，才能让学生在广阔的精神空间中自由驰骋。这一段话是很精辟的。一位妙语连珠、逸趣横生的老师，一定是一位知识广博、善于观察生活、充满热情的老师。我们语文教师如果有这种能力，何愁学生对文学不感兴趣？而如果学生对文学感兴趣了，经典名著也就不至于沦落到"必读书目"的尴尬境地。所以，语文教师要对自己的课堂"稳操胜券"，不但要了解和掌握本学科的相关知识，还应该在哲学、历史、地理、音乐、绘画、体育，甚至在自然科学等方面都有一定程度的涉猎。比如很多学生喜欢体育运动，他们对体育明星、体坛情况的了解远远超过一般的老师。所以，如果老师在讲课时能联系体坛情况，或以此举例，一定能引起学生的兴趣，拉近和学生的距离，也会得到学生的敬佩。

二、走下讲台，走进生活

语文应该存在于我们的生活中。语文课堂也不能是与生活无关的、枯燥无聊的。赞科夫认为："教学法一旦触及学生的情绪和意志领域，触及学生的精神需要，这种教学法就能发挥高度有效的作用。"也就是说，教师所讲的，应是学生需要的、愿意接受的，与他的生活息息相关的。因此，一些生活用语完全可以巧妙地拿到课堂上来，用简单通俗的生活例子来诠释那些难以理解、难以讲解的问题。同样，我们语文老师如果在讲解古代文化、文言文时能用简练、形象的语言让学生理解并对相关知识感兴趣，那么我们的课堂会有效率得多。

同时，随着社会的发展，新的词汇不断涌现，作为教师，要关注这些新词汇，并到生活中汲取语言的"营养"，丰富自己的语言库，使自己在讲课时得心应手。

三、枯燥的内容，生动的表达

苏联教育家斯维特洛夫说，"教育家最主要的，也是第一位的助手是幽默"，其实就是讲如何让教育的语言生动可感。每一位语文教师都希望自己的讲解能吸引学生的目光，引起学生的兴趣，从而调动、激发学生主动性。而要做到这一点，需要教师有饱满的激情，用睿智幽默的语言将学生引入情境中来。山东省高密市曙光中学任得宝老师说过："文字铺在纸上，既无色彩，又无动感。可是经过老师的一读一点，文字便从纸上立了起来，学生便看到了生活的本来样子，花儿开了，人物活了，海中涌动着波涛,风里鼓荡着清香。"教师对文字材料的再加工,的确能让原本无生命的东西动起来,让学生"如见其人""如临其境"。钱梦龙等优秀中学语文教师的课之所以备受学生欢迎,其中一个重要原因就是他们能以独特的语言魅力使学生愉快地徜徉在知识的海洋里。

教师的语言魅力,不是随机的,也不是天生的,而是长时间的文化积累之后的自然流露。所以,要做一名优秀的语文教师,就要广泛涉猎知识,丰富自己的文化素养,尤其要加强备课,对自己每堂课的教学语言都要反复琢磨、推敲。教师只有对所教内容烂熟于心、成竹在胸,才能在课堂上任意挥洒,谈吐自若,诙谐幽默,才能够吸引学生,以自己的人格魅力召唤学生热爱文学,热爱生活!

参考文献

[1]肖川.好教育好人生[M].南京:江苏教育出版社,2009.

[2]赞科夫.教学与发展[M].北京:文化教育出版社,1980.

基于真实教学情境的语言修炼

语言艺术是教师综合素质、综合能力的体现。学生在听口才出众的教师讲课时会觉得兴味无穷，而在听口才较差的教师讲课时会觉得索然无味。一个以教书育人为终身职业的教师，若没有良好的口才，实在是非常遗憾的。

在课堂教学中，教师发音要准确，用词要严谨，所述概念要确切；教师讲课要生动形象，讲述人物则栩栩如生，叙述事件则历历在目，使学生如见其人，如临其境，如闻其声。深入浅出，通俗易懂，是语言艺术的至高境界。一位教师只有将自己掌握的知识用浅显的语言表述得一清二楚，才能说明他真正具有深厚的知识功底。课堂教学开头要精彩、吸引人，中间要充实丰富，结尾要有力。以下分别从课文的导入语、中间语、结束语来谈。

所谓万事开头难，一堂好课离不开一个好的开头，所以导入新课很重要，就如同一首美妙动听的乐曲，少不了引人入胜的前奏，就像唱戏的开台锣鼓，未开场，先叫座儿。它可以吸引学生的注意力，激发学生的学习兴趣和求知欲望，还可以渲染良好的课堂气氛。成功的语文教学离不开学生的兴趣，只有学生倾心于课堂，才会积极主动且乐于受教，才能达成高效率的教学，而这样的课堂离不开教师语言的魅力。

如在教学《春》一课时，我是这样导入的："转瞬间严冬已逝，春天已悄悄地来到人间。春天，是美好的季节，是充满诗情的季节；春天，又意味着一个生机勃勃的开始。自古以来，诗人喜爱春天，赞美春天，是因为春天景色宜人，处处皆可入诗。漫步古诗百花园，只见咏春诗姹紫嫣红、争奇斗艳，令人目不暇接，随意采撷几朵，慢慢品读，不知不觉已陶醉其中。今天这节课，让我们一起走进朱自清的《春》，一起来领略他笔下的春天。"

在教学《走一步，再走一步》时，我直接在黑板上写下"走两步"，学生立即嚷道："老师，错了，是'走一步，再走一步'。"我则反问一句："走一步，再走一步，难道不是走两步吗？我们的作者好像连'1+1=2'都不知道，还把题目写得这么复杂，是不是啊？""不是！"学生肯定地回答道。"既然这样，那么作者为什么要用'走一步，再走一步'做标题呢？请大家带着这个问题一起来学习课文。"此问的提出，旨在引导学生准确把握文章的内容和主旨——在作者石壁上遇到困难时，父亲不抱他下来而让他一小步一小步地自己走下来，以此来告诉作者也告诉读者"遇到困难，要学会自己去解决，要学会把困难分解成一小步一小步去克服，这样即使有巨大的困难，也会容易战胜"这样一个人生哲理。导入之后，自然地过渡到文章的学习中来，使原本较为深奥的哲理变得通俗易懂了。

当然，课文导入的方式五花八门，绝不仅仅是以上提到的两种，但不管是哪种方式，其目的都在于吸引学生们的注意力。

学生是学习的主体，课堂教学的目标是让学生喜欢听，听得懂，记得牢。准确、生动、通俗，是对课堂教学语言的基本要求。正课的讲述要紧扣中心，条理清晰，处理好重点难点内容，教师在讲课时应运用各种语言技巧，时而娓娓动听，时而诙谐幽默，时而慷慨陈词，时而穿插警言逸事，始终扣住学生心弦。每节课应有一两处高潮。高潮要经过铺垫蓄势，设网解扣，层递抬升才能形成，进入高潮后的语言应具有言简意赅、感情真挚的特点。

在教学《愚公移山》一课时，为了让学生们更好地理解课文中词语的意思，我说："孔子教导我们'知之为知之，不知为不知'，也就是说，在学习中要实事求是。下面请本着实事求是的态度，理解了课文的请'高抬贵手'。"几个同学高高地举起了手，我叫起了其中一位："很好！请你告诉大家：从哪里能看出愚公移山的事情得到了邻居的帮助？"他说根据"邻人京城氏之孀妻有遗男，始龀，跳往助之"可以看出。我接着问："那这个孩子有多大啊？"他回答说"七八岁"。我问："那他这么小，他的爸爸同意他去帮忙吗？""不同意。""你怎么知道不同意啊？""他是一个孤儿。""从哪里可以看出来呢？""课文说他是'遗男'，而'遗男'解释为孤儿，所以他没有爸爸。"至此，学生就完全明白了课文中"遗男"这个词语的意思。教学过程非常简单，但是达到了让学生理解的目的。

在教《我用残损的手掌》时，我总结，本文是以"雨巷诗人"之名行世的戴望舒在日寇铁窗下对苦难祖国的抒怀之作。"残损的手掌"既是写实，又是诗人坚贞不屈意志的写照。诗歌一方面从实处着笔，描写沦陷区的阴暗，表现对祖国命运的深切关注；另一方面抒写解放区的明丽，侧重于写意，对象征着"永恒的中国"的土地，发出深情赞美。在感情的哀怨与欢快上完美统一，抒情风格变幻多姿。为了更好地表达内心深处的爱与恨，在诗歌中他采用了积极的、暖色调的词语，如新生、辽远、温暖、明亮、坚固、蓬勃、永恒等；消极的、冷色调的词语，如残损、冷、彻骨、寂寞、憔悴、阴暗等。诗歌语言口语化，押韵灵活错综，有一种沉郁顿挫的音乐感，学习的时候应体会其音乐美。另外，灵活的押韵方式，既体现了现代诗形式的自由，又使全诗有着相对协调一致的节奏。学生要展开想象的翅膀来理解诗的内容，在想象中，诗人的手掌抚过了广大的国土。先是沦陷区的家乡，继而从祖国疆域的北部一直到最南端，最终停留在解放区。对祖国大地上每一处特征性景物的概括，作者突出的是"手掌"的触觉作用（同时也有视觉、嗅觉、味觉等感觉器官的作用），如微凉、冷、滑出、细、软、蘸等。这样就把较广泛的描写对象相对集中起来，使之贯穿在"手掌的感受"这一条线索上，因而读起来不觉芜杂。而其思想感情的表达，主要通过形象的构成来实现。学生把握诗中的艺术形象，才能体会诗人情感的变化。

正课的教学，是体现教师语言魅力的关键所在，在这个过程中，只有牢牢抓住学生、吸引学生、调动学生，才能达到上课的目的，才能提高课堂效率。

一堂课的结束语也很重要，教师只有尽力做到"余音绕梁"，学生才会期待"下回分解"。一堂语文课，怎样收束才会取得好的效果，这需要课前仔细设想，课堂上随机应变，抓住时机，灵活处理，使收束有力、有余音、有余意。好的课堂结尾，能使学生"百尺竿头，更进一步"；能让教师的教发挥更多的功效；能令学生沉浸其中，快乐无穷；能让师、生、文融为一体，真正达到文章"如出我手，如出我口"的境界。

在讲李白的《行路难》时，最后一句诗包含了李白的复杂感情，因而惊天动地。笔者收束课堂："怎样理解李白这种复杂的感情呢？我认为，在李白看来，人价值的有无及其大小取决于德才的高下，我李白完全可以与世界上的任何一个人平起平坐；在权贵看来，人价值的有无及其大小取决于金钱的多少和权力的大小，你李白充其量是个舞文弄墨的书生而已。如果出卖灵魂，那简直比杀了他还严重！李白在政治上失败了，但李白的失败造就了他的成功。他在政治上失败了，但在文学上成功了；他的失败是暂时的，而他的成功却是永远的。"课上完了，而诗人昂首挺胸的光辉形象已化作须仰视才可见的形象，矗立在学生的面前。不，应该说，已化作一粒极富生命力的种子，撒播在学生的心田。诗人伟大的人格魅力像磁石一样紧紧吸引住学生，学生对于李白的认识，对于诗歌的欣赏，都必将达到一个更高的境界。这样的收束，贯注着大气磅礴之势，其作用不言而喻。

又如讲《唐雎不辱使命》第二课时的"力抗秦王"时，笔者是这样收束的："明知山有虎，偏向虎山行。明明知道这一抗很可能就不复返，他却仍然昂然而立，义无反顾。这正体现了我们人类不可被征服的伟大精神，体现了人类在与自然界、社会、命运抗争搏斗时所体现出来的不屈不挠的伟大精神和伟大主题。这种精神和主题的本质，就是悲壮。如果艺术失去了悲壮，就失去了力度；如果人生失去了悲壮，就失去了尊严；如果一个民族失去了悲壮，就不可能强盛而只有懦弱与胆怯！悲壮艺术，是滋润一个民族的必需养料。"这样的结尾，学生怎么能不感动呢？学生会全身心投入课堂的学习里去，上溯到两千多年前的战国风云中去，体会到唐雎的内心世界，把握唐雎灵魂深处的搏动。

起句当如"转轴拨弦三两声，未成曲调先有情"般紧扣人心，正课当如"轻拢慢捻抹复挑，初为《霓裳》后《六幺》"般层层推进，结语当如"东船西舫悄无言，唯见江心秋月白"般留有余音。

优美的语言艺术并不是天生就有的，必须经过长期磨炼，通过理论联系实践才能练就。总之，作为一名教师，应不断加强自己的语言修养。有了过硬的语言功底，才能动情引趣，将书本知识生动形象地再现于课堂。只要教师重视语言艺术修养，苦练基本功，积以数年，我们的课堂教学必定会出现一派新的气象。

（本文发表在《香洲教研》2017年6期总第124期，有删改）

他山之石，可以攻玉

——在真实语文情境课堂中弘扬传统文化

《2022年版语文课标》指出："……通过语文学习，热爱国家通用语言文字，热爱中华文化，继承和弘扬中华优秀传统文化，……初步了解和借鉴人类文明优秀成果，具有比较开阔的文化视野和一定的文化底蕴。"从新课标的规定中我们可以看到，语文教学在弘扬传统文化中起着重要的作用，语文教师肩负重任。

近日看到《杜甫"很忙"，经典"很受伤"》这篇文章，读罢不禁感慨万千。网络的流行，让那些为传统文化做出巨大贡献的大家们成为恶搞的对象，不仅仅是当代人精神空虚、素养缺失的表现，更是其缺乏传统文化素养的表现。为此，笔者觉得有责任有义务在初中语文教学中弘扬传统文化。

一、激发学生学习传统文化的兴趣

"兴趣是最好的老师""动机是兴趣产生的温床"——课本中

的经典诗文、名言警句，生活中的神话传说、民间谚语、古训和地方方言、民间工艺等，这些传统文化无处不在，深深地影响着我们的生活，也成为语文教师引领学生们学习中国传统文化的素材。例如在讲《诗经》时，给学生讲《诗经》中的传统文化；讲《愚公移山》时，给学生讲古典神话故事告诉我们的人定胜天的道理；讲《邹忌讽齐王纳谏》时，给学生讲古代名人忠君爱国的故事；讲冰心的《谈生命》时，给学生讲古人对生命的看法。

此外，语文教师要根据学生的认知规律和年龄心理特性，以他们喜闻乐见的方式安排丰富多彩的学习活动，这是提高学生吸取传统文化营养的效率的有效途径。如积累古诗或谚语，摘抄名著中经典的段落、句子，然后定期开展分享会；教师亲自搜集一些经典的诗文，指导学生倾情朗诵，开展经典诗文诵读比赛；开展以古诗文为内容的书法作品展；开展古典文化成果展（优秀摘录笔记、书法荟萃、民俗故事会、民间谚语收集成果展示、方言表演赛、诗词短剧汇报表演等）；开展"我是运用古典文化小能手"的活动。期末教师根据平时活动记载情况评选出学校和班级的"书香学生"，并向家长发喜报。通过诵读含嚼，熏陶渐染，在"润物细无声"中让传统文化内化为学生的良好道德品质、丰富的学识和文明行为习惯，学于书本，用于生活。

二、在课堂教学中充分研习传统文化

中国传统文化一直贯穿于整个语文教材的编排和教学活动中——语文课堂是我们浸润中国传统文化的主阵地。语文教师自身应该厚积而薄发，善于营造传统文化的学习氛围；善于捕捉机会，适时对学生进行传统文化的教育；深入挖掘教材的文化内涵，让学生在品读中感知祖国语言文字的文化底蕴，受到优秀文化的熏陶。

（一）在古代诗文教学中沿袭传统文化

古代诗文中有很多脍炙人口的佳作。我们中学课本选入了很多名篇，如刘禹锡《酬乐天扬州初逢席上见赠》中"沉舟侧畔千帆过，病树前头万木春"的积极向上的人生观；范仲淹《岳阳楼记》"先天下之忧而忧，后天下之乐而乐"的心系天下的情怀；诸葛亮《出师表》中"庶竭驽钝，攘除奸凶"的忠肝义胆；杜甫《春望》中"感时花溅泪，恨别鸟惊心"的忧国忧民胸怀；欧阳修《醉翁亭记》中"醉能同其乐"的与民同乐思想等。教师可以向学生讲解这些伟大的人物，讲他们的生平，他们的经历，他们的事迹。这些古诗文和文人们蕴含的强大的人格力量，能陶冶情操，激人奋进，对培养学生高尚的审美情趣，塑造学生美好的心灵起到不可低估的作用。

古代诗文是我国传统文化的主要载体，它凝聚着中国古代的文明精髓和传统的文化内涵，具有欣赏、品味和运用的深厚价值内涵。我们的古代诗文教学可以从以下几个方面入手。

一是"读"——我国古典文学作品里蕴藏着一座巨大的知识宝库等待我们去探索。我们教师在课堂上要结合课本，不失时机地推荐和引用祖国经典著作，这是弘扬传统文化的最好途径。既然现在中学生很少有时间静下心来读一读经典著作，那么在语文课上，教师就要用不同的方法进行引导。除了学习课本中的节选名篇外，还可以播放一些和选文有关的电视影片，作者的其他经典作品、同类作品、同时期其他作者的相关作品的比较阅读等，既扩大了学生的阅读面，又让学生直观地了解了经典著作。

二是"思"——古诗词所蕴含的思想感情凝练而含蓄，这就需要我们引领学生在吟咏的过程中充分发挥想象力去挖掘、感悟、升华诗歌的意境，体验诗中的思想感情，实现从感性意象到理性情智的跨越。可以原景重现，回归历史去追寻作者的思维情感，也可以联系现实生活，拓宽诗歌的解读领域，增强其现实意义，赋予它新的生命。如马致远的《天净沙·秋思》中的"枯藤老树昏鸦，小桥流水人家，古道西风瘦马。夕阳西下"，一组组巧妙的画面结合，"此时无声胜有声"，蕴蓄着万千惆怅思绪，情自景出，悲从中来；笔锋一转，"断肠人在天涯"，漂泊者的坎坎坷坷，呼之欲出，跃然纸上，顿时让人拊胸掩面，潸然泪下。

学完诗歌单元，开展"戏曲大舞台"活动，通过吹拉弹唱、吟咏作对，再现诗文；组织学生搜集资料，改编剧本，走进作者活动，通过想象，更好地理解诗文。

三是"用"——学习的目的是能够运用。诗歌语言凝练、节奏鲜明、韵律和谐，既富有音乐美，又具有思想和艺术价值，是学生完美人格塑造的催化剂，对学生的终身发展具有举足轻重的作用。我们在教学实践过程中要引领学生不断积累，形成自己的相关知识体系，最终达到在习作中、在生活中信手拈来、游刃有余——写到"友情"时，会不由自主地想到"海内存知己，天涯若比邻"；谈起"思乡"时，会情不自禁地吟出"无边落木萧萧下，不尽长江滚滚来""烽火连三月，家书抵万金"；想到

"珍惜亲情"时，会不由自主地想到"本自同根生，相煎何太急""谁言寸草心，报得三春晖"。孩子们将在吟、悟、用诗歌的过程中，不断汲取营养，丰富自己的精神世界。

（二）在阅读教学中积淀文化底蕴

现在的孩子生活在一个喧哗浮躁的时代，他们面临着太多的诱惑。但是，不管生活怎样热闹，一个纯净的心灵世界，一种对书香气息的天然热爱，一种良好的阅读习惯，都是一个生命健康成长不可或缺的要素。不管社会怎样变迁，不管科技怎样进步，不管教育怎样改革，我们都必须让学生们在人生记忆力最佳的时期诵读名家名篇，诵读千古美文，让文化经典占据他们的心灵，让他们的阅读从一起步就直抵经典。

初中语文教材中的很多现代作品不仅沉淀着丰富的文化知识，也沉淀着深厚的中华优秀传统文化。这就要求教师在传授语言文字知识时，进行人文教育，认真分析挖掘现代作品中的传统文化内涵，让学生认识和理解传统文化的真正价值，从而自觉地接受优秀的传统文化。初中语文教材所选篇目大多蕴含着文化气息，如《我爱这土地》《芦花荡》可以让学生们体会出深深的爱国之情，《散步》《台阶》使学生体味出和谐家庭中亲情的可贵，《核舟记》《唐雎不辱使命》让学生领略了古代人民的聪明才智，《口技》更使学生感受到民间技艺的精湛，等等。

书籍浩如烟海，如何让学生在有限的时间内知道读什么书，怎么读？如何提高阅读能力呢？首先，让学生阅读初中生必读的十二本名著，在此基础上，再选取古今中外的名家名篇进行阅读。其次，语文教师应充分利用语文课或阅读课，指导学生学会读书。同时，语文教师要努力营造语文课堂的文化氛围，带领学生领略民族文化风采，接受人文熏陶。如，在教室的墙壁上张贴古代名人的名言警句，在黑板报上专门开辟"美文欣赏"一角，以此来营造浓厚的文化氛围。又如，深入挖掘教材的文化内涵，从课文注释、引语入手，挖掘有关民族文化信息；从故事情节入手，挖掘整篇著作的文化内涵；从课文主题入手，挖掘传统美德；从课文词句入手，挖掘相关文化背景、哲理境界；从课文插图、课后练习入手，挖掘文化意趣……力求语文课多一点儿文化气息，让学生在课堂上领略到"文化"应有的味道与魅力。

三、以语文综合性学习实践活动为依托，渗透传统文化知识

语文教材的一个亮点是语文综合性学习实践活动和口语交际，我们在教学的时候要利用好这个亮点，对学生进行传统文化知识的渗透。

旧版八年级上册教材第一单元的语文实践活动就是"世界何时铸剑为犁"，在这次的实践活动中，笔者运用多种不同形式来培养学生的爱国主义精神。在笔者的组织下，学生先自行分组，然后分别按照要求搜集古今中外的爱国小故事、爱国名人的生平经历，看爱国影片展，自排爱国剧，了解战争给人类带来的危害，分析现在的国际形势，畅谈什么才是理性爱国，等等。学生搜集了资料后，笔者认真和学生一起研究取舍，最后在课堂上展示。同时，让学生结合当下的国际社会争端，通过辩论、情景剧、小品、相声、歌曲等形式，发表自己的看法、观点。让这种

语文实践活动充分体现语文学习内容的丰富性和学习途径的多样性，一方面培养了学生的爱国主义精神，另一方面培养了学生搜集、筛选和整理资料的能力，提高了口语交际和写作能力，也就兼顾了知识与能力、过程与方法、情感态度和价值观三个方面。

四、以传统节日为契机，传承传统文化知识

民族文化的传承必须重视，而语文教学在传承民族文化的过程中扮演着重要的角色。春节、元宵节、清明节、端午节、中秋节等节日具有很浓厚的文化底蕴，如果让学生在语文学习中有计划地去探究、去体验这些节日，就能对传统文化起到很好的传承作用。

在端午节来临之际，引导学生搜集一些和端午节有关的资料。如，端午节的来历及端午节和哪些历史人物有关，了解屈原的生平事迹，端午节时各地有哪些风俗习惯，为什么端午节时人们要吃粽子、赛龙舟；此外，可结合本地端午节的特色，让学生深切体会端午节的传统特色。然后，笔者会在课堂上让学生根据自己的体验来畅谈感受，分享心得，并提出自己的创新想法，谈一谈如何才能让这样的传统节日更受欢迎，更能和当下的社会相结合。此外，笔者还让学生深入了解珠海本地的传统文化，例如珠海斗门的海上婚嫁、渔家拜寿等传统习俗等。引导学生在搜集材料的时候学习语文，在营造节日气氛的过程中感受特有的民族文化。在春节时，组织学生自己写对联、写福字、画年画、包饺子，举办迎新春文艺汇演；清明节来临时，给学生播放战争片，讲解战争中的一些人物传奇，介绍战争背景、爱国人士，引导学

生悼念革命英雄；中秋节时，组织学生搜集和月亮有关的思乡诗歌，自己动手做月饼，编排节日歌舞，一起赏月，让学生给远在他乡的亲人寄卡片，表达自己的祝福。一系列的活动让学生在潜移默化中喜欢上这些传统节日，传承这些传统文化。

作为新时代的语文教师，既要传道、授业、解惑，更要让祖国五千年丰富多彩、波澜壮阔的文化画轴，透过一堂堂氤氲着文化精神气息的语文课展现出来，使学生大开眼界、大饱耳福——只有这样，才能不断地传承和积累。他山之石，可以攻玉，让我们用好语文课堂，通过语文教学散发出的艺术魅力和人性光芒，弘扬我们几千年来沉淀的文化精髓。

参考文献

[1] 中华人民共和国教育部.义务教育语文课程标准：2022年版[S].北京：北京师范大学出版社，2022.

[2] 王松泉，董百志.教学艺术论新编[M].海口：海南出版社，2000.

[3] 张定远.中学著名语文特级教师教育思想精粹[M].北京：语文出版社，1999.

初中语文古典小说整本书阅读教学方法探索

教育理念的不断变革，对教师指导学生有效阅读提出了更高的要求。在中学语文课堂中，学生的阅读能力和发展趋势的研究是一个非常重要的课题。同时，通过读完整本书，老师可以正确地指导同学们深入地思考书籍的意义，帮助他们认识到图书的魅力，进而提高他们的阅读兴趣和能力。因此，读整本书是目前较为有效的一种阅读方式。

一、初中整本书阅读的意义

教师在课堂上已将教材的相关内容传授给学生，但学生只是停留在对知识的理解上，没有进行巩固。而整本书阅读教学方式，要在对学科课堂提供辅助应用的基础上，有助于学生从多种角度去了解和掌握所学的内容，并使他们的逻辑思维得到更好的发展，同时提高他们的阅读能力。另外，将语言学、修辞学等的理论知识融入整本书阅读中，在强化学生对文本的欣赏的同时，也能加深学生对基本的语文知识的掌握。对特定的某种文学作品进行长时间的研读，会潜移默化地影响学生的思维和言语行为，从而提高其阅读能力和写作能力。整本书阅读的阅读量是非常大的，而且要求学生利用课余的空闲时间自主读书，因此对于同学们来说，这是一种要求较高的读书方法。无法否认的是，在一定的时间里把一本书全部看一遍，可以大大提升学生的阅读水平和阅读效果。

二、目前初中语文整本书阅读教学现状

当前，我国中小学语文教育中，采用的主要是以课本为基础的阅读教学方式，而整本书阅读的阅读课虽然在某种程度上取得了很大的进步，但它在目前的教学中并不占据主导地位。而且，因为整个课程的学习需要花费大量的时间和精力，所以教师和学生学习和阅读的机会并不大。古典小说，虽然语言通俗浅显，情节性较强，但含有大量方言俚语、诗词曲赋等，同时又文白夹杂，所以读来并不容易。而且，古典小说往往涉及当时的时代背景和文化，而初中生对这方面的知识较为缺乏，因此在阅读过程中，学生会因以上困难而缺乏阅读兴趣。

三、初中语文古典小说整本书阅读教学方法探索

（一）激励学生通读全书，运用"设疑授法"进行有效导读

《三国演义》《水浒传》《红楼梦》等经典名著具有极高的文化意义，但是由于其内容较多，所以掌握一定的阅读方法很关键。导入激趣、绝妙讲法是提高古典长篇小说整本书阅读效果的

两大主要教学手段。由于书中的内容太多,所以想要看一部经典的作品,就需要持之以恒,而对于只有"三分钟热度"的学生,则需要老师巧妙地设置疑问,激起他们的兴趣,让他们保持持久的阅读热情。

例如,在整个《水浒传》的整本书阅读中,老师可以设定以下有趣的问题作为序章,激发学生的兴趣,促进他们的阅读。比如,"高俅是《水浒传》中的经典人物,他为什么要找王进的麻烦?智取生辰纲是怎么智取的""'鲁智深倒拔垂杨柳'中,鲁智深为什么要拔掉一棵柳树",等等。这些问题引起了学生极大的好奇心,让他们急于进行整本书阅读,寻找答案。其次,老师还要教授聪明高效的整本书读书方法,例如"选择精读+跳读""做摘录""注释法""点评法""整合故事结构""整合人物和人物故事"等。特别是"点评法",老师要让学生在自己有疑问的时候,随时对自己的问题"评头论足",只要有疑问,都可以进行评论。这样既有利于加深对文本的理解,又有利于老师解决学生的提问,使阅读更集中、更有效。

(二)拓展整本书阅读的多元展示方式

在整个阅读教学中,呈现出的结果也是非常重要的一部分。以《西游记》为例,当学生看完这本书之后,老师除了可以让他们写读后感,还可以通过其他的方法来展示学生的阅读感悟。首先,老师可以让学生从《西游记》中选择某个章节,并将其改编成自己的作品,这样可以帮助他们更好地理解《西游记》的整体结构。其次,老师还可以让学生深入剖析《西游记》中的某个人物,比如孙悟空或各种妖怪等,从而帮助他们更好地理解小说的内涵和主题。通过各种形式的呈现，学生可以更好地理解书籍内涵，提高他们的学习能力。

爱好是最好的老师，同时也是一种阅读的动力。因此，在教学过程中，应采取多种教学方法来激发学生对古典小说整本书阅读的热情，并进行适当的指导，帮助他们找到一种适合自己的阅读方法，从而达到提升学生整体阅读水平的目的。

参考文献

[1] 曹浩隽. 初中语文古典小说整本书阅读教学策略研究：以《西游记》《水浒传》《儒林外史》为例 [J]. 新智慧，2021（35）：101–102.

[2] 王峥. 初中语文古典小说教学研究 [J]. 课外语文，2018（24）：82–83.

[3] 曲磊. 浅谈多媒体在古典小说教学中的应用 [J]. 现代交际，2012（11）：160.

（本文发表在《新作文》2022年4期）

基于传统文化传承的初三古诗文
复习策略

古诗文的阅读理解、背诵默写是历年中考必不可少的内容。课标对古诗文阅读的要求是："诵读古代诗词，有意识地在积累、感悟和运用中，提高自己的欣赏品位和审美情趣。"根据这一要求，我们可以推测：对古诗文的记诵积累仍将是中考考查的重点内容。

根据我省近年来中考语文遵循的"重视积累，突出读写，强调运用，鼓励创新"的命题思路，进入初三第一轮总复习阶段，我们就立足课本，根据课标，将课本中的古诗文提炼总结，将课本上要求考查的诗词进行整理，然后要求学生从读准字音、正确书写、掌握名句、浅易鉴赏等几个方面掌握。

一、读准字音

学生要想很好地背诵古诗文，首先一定要能够熟练地朗读，所以正确的读音就尤为重要。但是有很多学生在学习过程中，出现读音不准确的现象，这对于古诗文的复习是不利的，总结下来，可以发现学生的读音错误主要出现在形近字的读音、多音字的读音、容易误读字的读音等方面。所以首轮复习要将诸如此类的知识点系统化地梳理归纳，反复强调，便于学生记忆掌握。例如，《关雎》中"关关雎鸠，在河之洲。窈窕淑女，君子好逑"中的"窈窕"的正确读音为"yǎo tiǎo"，"好"的正确读音为"hǎo"；《蒹葭》中"溯游从之，宛在水中坻"中的"坻"字学生很容易读成"dǐ"，而正确读音是"chí"；《木兰诗》中"不闻机杼声，唯闻女叹息"中的"杼"字学生容易读成"yú"，正确读音应该是"zhù"；"燕然未勒归无计"一句中的"燕"字学生容易读"yàn"，正确读音应该是"yān"；等等。在首轮复习中，一定要让学生读准这些字音，这既是语文教学的必需，也有利于学生语文素养的提高。

二、正确书写

根据近几年我省中考试题的类型，古诗文的考点和得分点就在诗词句子的默写上，所以在学生会背的基础上，默写正确就格外重要。因此在首轮复习中，必须要求学生正确默写。通过统计发现学生在同音字、形近字、义近字几个方面容易出错。

如，《观沧海》"水何澹澹，山岛竦峙"中的"竦"，学生很容易写成"山"字旁；《次北固山下》"乡书何处达，归雁洛阳边"中的"雁"，学生容易写成"燕"；《行路难》"长风破浪会有时，直挂云帆济沧海"中的"沧"，学生容易写成"仓"；《过零丁洋》"人生自古谁无死，留取丹心照汗青"中的"汗"容易写成"汉";《过故人庄》"待到重阳日,还来就菊花"的"就"容易写成"旧";等等,这些看起来很容易的字,如果不认真对待,那么学生在考场上就会出错,就会失分,就会出现会背诵,但是考试拿不到分数的现象。所以,首轮复习时,必须要求学生书写正确,反复训练,不断强化学生的记忆。要达到此目标,可采用以下几种方法。①领悟含义。对背诵的诗词,要领悟其含义,特别是其中的关键字词,要真正弄懂。②圈点强记。对易混字易错字,要用红笔圈点出来,以引起注意,重点把握。③边读边写,以防"口是手非"。④规范书写。做到"三清""三不"。"三清",即卷面清洁,字迹清楚,笔画清晰;"三不",即不写潦草字,不写异体字、简化字,不添减笔画。

三、掌握名句

古诗文默写考查的重点是名句,非名句一般情况下不会考。比如《游山西村》是考试中出现频率较高的一首诗,而且几乎100%是围绕其中的"山重水复疑无路,柳暗花明又一村"这一名句做文章,其他的六句则很少会考。因此,就要求学生们在复习古诗词默写这个板块时,可以侧重于对名句进行识记默写,如"长风破浪会有时,直挂云帆济沧海""人生自古谁无死,留取丹心照汗青""沉舟侧畔千帆过,病树前头万木春""感时花溅泪,恨别鸟惊心""忽如一夜春风来,千树万树梨花开""春蚕到死丝方尽,蜡炬成灰泪始干""无可奈何花落去,似曾相识燕归来。小园香径独徘徊",等等。这些名句在考题中出现的频率高，而且一般会以问题的形式出现，如"《观沧海》中抒发作者远大抱负的句子是""唐代诗人杜牧常常感叹国事衰败，他在《泊秦淮》中，含蓄地批评了统治阶层只知享乐不顾国难之句是""'海上生明月，天涯共此时'，苏轼的《水调歌头·明月几时有》中与这句诗意境相似的一句是"，等等。这种类型的题目既考查学生的背诵、默写，也考查了学生的理解能力。因此，在首轮复习的时候，要让学生知道每首古诗词中的名句及根据名句可能提出的问题。

四、浅易鉴赏

古诗词鉴赏是文学作品欣赏的内容之一，是新课程理念的体现，更是中考常见的一种题型，我们应继续关注。这类题目的一般特点为：一是所选古诗词以课本所学为主，所选篇目比较短小、易懂，所以难度不大；二是考查的内容多是内容感知、情感把握、技巧分析、语言品味等。

为此，我们平时诵读古诗词时要善于对主题、形象、情感、语言等做一些理解分析。

1. 复习方法

总结规律，学会方法，通过整理提炼，有意识地重温并积累一些古诗词鉴赏方面的规律，是培养古诗词鉴赏能力的关键，我们可以从以下几个方面着手。

（1）从关键词语上着手，如抓住诗句中精彩的动词、色彩词的含义和作用，去品味、赏析、作答。

（2）从关键诗句（主旨句、情感句）着手，分析概括，推断作答的切入点。

（3）从修辞手法（比喻、拟人、夸张等）和表达方式（白描、议论等）着手，分析其含义，探究其作用。

（4）从作品、作家的相关背景资料入手，准确把握作品的旨趣、作者的情感倾向、诗句的原意。

（5）从诗歌所写的具体内容入手，把握各类诗歌的思想内容（如送别诗、怀古诗、爱国诗、哲理诗、咏物诗等，应依据各自的类属，概括各自所表现的思想情感）。

（6）从作家的风格（豪放、婉约、沉郁顿挫等）和语言特征（简洁、含蓄、凝练等）去领悟诗句的含义和表达的情感。

2. 练习举例

> 国破山河在，城春草木深。
>
> 感时花溅泪，恨别鸟惊心。
>
> 烽火连三月，家书抵万金。
>
> 白头搔更短，浑欲不胜簪。

（1）诗中"城春草木深"写出了当时怎样的处境？它在诗中有什么作用？

（2）本诗表达了作者怎样的思想感情？简要回答。

（3）作者的这种感情可以从哪些字词体现出来？又是通过什么方法来表现的？

参考答案：

（1）"城春草木深"写出了当时战争给人们带来的灾难之深重。在诗歌中有烘托环境的作用，塑造了一种荒凉、凄清的氛围，更显作者的志向坚定不移。

（2）本诗表达了作者对战争给人们带来的灾难的痛恨，并且表现了战争中作者对家人的思念。

（3）作者的这种感情可以从"国破""草木深""花溅泪""鸟惊心""抵万金"等词语中看出。因为这些词往往表达了战争带来的灾难，连花和鸟在战后都"溅泪""惊心"，那么人会怎样呢？不言而喻。作者通过对环境的描写和对动植物的描写曲折地表达自己的愿望。

首轮复习时，必须让学生对古诗文有一个大体的认知，明白考点，在接下来的复习中才能更详细、深入地复习，所以首轮复习是一个基础、一个起点，基础牢固了，起点高了，以后的复习才会水到渠成，才会更上一层楼。只有在复习时"咬定青山不放松"，考试时才会"任尔东西南北风"。

总之，从真正提高古诗词学习水平和复习备考和谐统一的角度看，复习应遵循上面谈到的方法，而关键之处还在于教师要根据学生的实际情况查漏补缺，提高效率。为应付中考，教师还应该尽量多关注各课改实验区考试中的新题型。在复习备考阶段，教师应做到目标明确、思路清晰、按步实施、精讲多练、查漏补缺，这样才能做到巩固与提高并重，使复习取得更大的效果。

（本文发表在《新课程》2017年3期，有删改）

辛勤的"蜜蜂"永没有时间的悲哀

——初三早读课的有效利用

初三的学生就像辛勤的蜜蜂一样，在知识的海洋里不停地"采蜜"——获取知识。他们起早贪黑，争分夺秒，跟时间赛跑，怎样才能让每个学生都在这冲刺的阶段学有所获呢？怎样才能让每个学生都能更好地利用时间呢？作为一名语文教师，合理地安排时间，成为一项很重要的工作。而语文早读课是巩固课堂学习、积累基础知识、增强语感、丰富写作材料、提高写作能力的又一番天地。当然，这需要教师系统科学地安排、恰如其分地指导。那么，如何安排？如何有效指导呢？笔者结合自己多年的初三教学实践，谈谈自己的看法。

一、确定内容，拟好计划，合理安排

《全日制义务教育语文课程标准（实验稿）》提出的五个阶段目标之一是"积累、整合"，中考的考查目标包括识记积累、阅读、背诵等几方面。要达到这些目标，让学生读是关键的一步，而读又是早读课的主要形式，据此，我确定了初三早读课内容：语文基础知识，包括现代汉语普通话字音、现代汉字字形、同义词、成语和名句名篇五个部分；文言文，包括课本上的文言文，常见的实词、虚词的用法和意义，课外训练的文言文，古典诗词四个部分；作文素材，包括学生课外摘抄本、试卷上的美文佳句，教师提供的作文材料和优秀作文三个部分。合理完整的计划、科学周密的安排是语文学科完成教学目标的有力保障。语文早读课每天都是读20分钟，考核10分钟，为此，笔者特别制订了一个详细的读和考核计划（另外附表，这里不多说）。这个计划是指整个初三一学年的早读计划，教师在每一个阶段都应该合理科学系统地安排。初三早读课的计划尤其重要。教师计划得好，每个学生的语文学习便有了系统性，学习的负担便可减轻许多。笔者的安排原则如下。

1. 早读内容紧跟专题复习，作文素材、名著内容贯穿始终

在复习某个专题时，笔者就安排学生早读课读这个专题。比如，在复习文言文专题时，针对广东省中考要求的19篇文言文，一节早读课安排学生读一篇，包括课文、译文、注解，同时辅以一篇课外练习的文言文和这些文章涉及的常见文言实词、虚词的意义和用法等。这部分内容以《初中毕业生学业考试古诗文课外阅读训练》为主要版本。文言文复习一个月，早读课学生前20分钟读文言文，后10分钟进行考核，一个月下来，学生的文言文阅读能力有了非常明显的进步，文言文解题能力也相应地提高了一个层次。

广泛的阅读、深厚的积累是写好作文的基础，而深厚的积累不是一朝一夕完成的。因而我要求每个学生都准备一本摘抄本，用来摘抄佳词美句，并且每周都固定一节早读课，让学生来读一周以来自己积累的作文素材和这一周教师提供的有关的作文材料，并且进行仿写训练。一年下来，学生培养了语感，充实了写作素材，写作能力相应有所提高。同时，因为一部分初中生不喜欢阅读名著，所以只能临阵磨枪。因此，早读课上，笔者要求学生阅读一些和名著内容相关的知识，例如人物性格、艺术特色等，或者开展一个小型的读书会，拿出文段，学生读写一起进行，但是根据中考成绩来看，这部分内容虽然有一点儿成效，但从总体上看，还是不利于学生的发展（名著部分，笔者认为还是应该从初一开始就要求学生按照要求阅读原著）。

在复习到现代文阅读的时候，因为部分学生回答问题不规范，所以笔者总结出一部分类型题的答题技巧，让学生在早读时熟读，以供参考。

2. 考试之前强化诵读文言文、美文，进行小练笔

读，是吸收，是积累；熟能成诵，是最好的吸收。没有足够的吸收、积累，语文能力，尤其是书面表达能力很难提高。背诵文质兼美的诗文，是训练语感的最有效途径，而语感是阅读文章、写好文章的主要条件。叶圣陶先生曾指出，"文字语言的训练，我以为最要紧的是训练语感"，"多读作品，多训练语感，必能驾驭文字"。因此，中考前一个月强化诵读好文章不仅能够增强学生的语感，还可以丰富写作材料，对提高学生的写作能力是很有效的。每天阅读后，都有10分钟的写作过程，可以仿写，可以写自己的感想，可以写自己突然涌现的灵感；或者教师直接命题，让学生写开头、结尾、提纲等。一个月读写下来，学生不仅陶冶了情操，开阔了视野，激发了思维，并且培养了写作能力，为中考做好了充分准备。

二、明确目标，加强指导

没有一定的目标，没有一定的数量，就没有一定的质量。可是学生读书，多是无目的的、杂乱的。因此，每个早读课，笔者都要规定学生读的内容并确定目标。比如一个早读课要识记60个字音或20句名句等。如果考核不过关，那么就证明早读的质量不过关，笔者会根据学生的具体情况，进行个别指导。

当然，仅给学生明确目标还是不够的，还要教给学生科学的方法。若能调动学生的多种感官去记忆所学内容，做到眼到、口到、手到、心到，记忆效果会更好。因此，早读课笔者要求学生诵读出声，并且做笔记。比如，读成语时要求学生高声朗读，并把不熟悉的、易写错的成语摘抄在本子上，长时间坚持下来，学生便有了一本"百宝箱"，到了考试前夕，便可拿出来有目的地再复习。如此，学生的学习既发挥了主动性，又节省了时间，学习效率也大大地提高了。

三、及时抽查，加强监督交流

及时抽查对学生来说是一种学习动力，尽管这只是一种外部动力，但它所产生的积极作用仍需要充分肯定。抽查的内容有两项：一是记忆的内容；二是平时的课后作业。平时记忆的内容，往往以试卷的形式在早读课后10分钟完成。课后作业也在早读课上抽查批阅。在早读课期间，我让学生把课后作业放在课桌上，教师进行抽查面批，这样做至少有两个好处：一是促进学生重视课后练习并能主动地做好；二是面批增加了教师与学生交流的机会，拉近了学生与教师的距离，提高了学生的语文学习兴趣。

加强监督是指教师要督促学生养成专心读书的好习惯。叶圣陶指出："什么是教育，简单一句话，就是要养成良好的习惯。"中学语文教育也就是要使中学生养成良好的语文习惯，然而，即使到了初三，还有部分学生没有养成好习惯，因此教师要来回"巡逻"，及时指出学生存在的不良现象，时间一长，他们自然会改进。

总之，早读课是初三学生语文学习的又一阵地。教师如果确定好早读的内容，拟定好早读的计划，做好合理的安排，进行科学的指导，加强督促，学生就会"读"出兴趣，"读"出成绩，"读"出能力。

📝 附

初三早读课内容

文言文专题：19篇（教师整理，统一分发）练习以《初中毕业生学业考试古诗文课内外阅读训练》为主，教师自己出题或者寻找其他资料为辅。

古诗词：39篇（教师整理，统一分发）。

名著导读：12篇（师生共同整理，资源共享）。

美文：以教师寻找的美文为辅（课件展示）。

阅读题答题技巧

一、看分值答题法

可以从试题的分值中推测答题的要点。如一道题给的分值是3分，答案可能就有3个要点，一个要点1分，所以从试题所给的分值中，我们就能推测答案的要点和要求的字数。

二、用原文答题法

做题要牢牢地记住："答案不在你的脑子里，答案只在原文中。"无论在任何情况下作答，既要有体现个性的独特见解，又要较好地忠实于作者的主张。

具体答法是：把所问问题中的关键词句还原到原文中去，再靠船下篙，一般来说，答案就在该关键词句的上下文中。

三、两步法

阅读题中时常会问一句（一段）话在文中的作用，回答这种问题可以分两步走。

第一步，我们首先看这个句子（段落）是在文章中的哪个位置，开头、中间，还是结尾？如果是在开头，其作用有以下几种可能，点明中心、设置悬念、总领全文、引起下文、埋下伏笔、为下文做铺垫、推动故事情节发展；如果是在中间，则起到承上启下（过渡）的作用；如果是在结尾，则起到画龙点睛、点明中心、深化主题、总结全文、首尾呼应、前后照应、完整结构等作用。

第二步，答题格式可固定为"在内容上，起到……；在结构上，起到……"（省略号内容具体对应上一步中的某一种或几种作用）。

四、三步走法

在说明文当中经常出此类问题，即问"一个副词（全部、部分、都、大概、可能、据说……）能否删去？"回答此类问题可分为三步：①不能；②解释该副词在本文当中的含义；③如果去掉，句子显得太绝对化了，就不能体现说明文语言的科学性（生动性、准确性、严密性等）。

五、三析法

"理解句子的含义及作用"这一类题目。

其实这类题目也有一定的答题技巧：我们可以首先分析句子的特点及位置；再分析其在表意和结构上的作用；最后结合语境，找到哪个是句子表达内涵的关键词，指出其语境义。

六、进入角色法

"欣赏文学作品中的形象、语言""评价文章的思想内容和作者的观点态度"，考查的是人生观、价值观、分析概括能力和鉴赏评价能力。

做这样的题，我们最好进入角色，把自己置身于文章中去，这就好比让你去主演一部电影，只有你感情投入，用心体会，把握文章的角度才会更准确一些。

除此之外，阅读题当中还常考的有以下类型的题目：

（1）找出指代词所指代的内容。一般是在指代词的前面找，找到之后，再放在指代词所在句中读一读，看是否适合；

（2）某句（某段）运用了什么说明方法（论证方法），及有何作用。找出方法并不难，关键是后一问，我们可以按照下面的模式回答：准确（生动、形象、科学……）地说明（论证）了本句（本段）的说明中心（中心论点、分论点）。

（3）评价赏析一句话。可以先评写作特点、语言特色，如运用了什么修辞手法、表现手法等，再评思想内涵，即阐明这一句表达了什么观点，给你什么感受、启迪、教育等。

（4）概括文段事例。回答该类问题必须包含两个要素，即什么人，做了什么事；其他要素，如时间、地点、环境等，如果有特定意义，也应概括在内。

（以上内容可以随时充实、交叉、反复进行。）

下 篇

绝知此事要躬行

危机文明，亦幻亦真

——解密科幻小说《基地》

一、教学目标

了解艾萨克·阿西莫夫科幻小说，熟悉三次危机，认识三位英雄，明确小说主题。

二、课前预习

快速阅读科幻小说《基地》，梳理主要情节与三次谢顿危机。

三、课堂教学

（一）导入

《海底两万里》中设备先进的"诺第留斯号"、奇异的海洋生物、惊险的遇险与逃亡、神秘莫测的尼摩船长、知识渊博的阿龙纳斯教授、技艺精湛的尼德兰等，都让我们领略了科幻小说的魅力。

科幻小说特点：用幻想的形式表现人类在未来世界的物质精

神文化生活和科学技术远景，其内容交织着科学事实和预见、想象，通常将"科学""幻想"和"小说"视为其三要素。

（二）梳理与鉴赏

·任务一·

1. 科幻情节之幻——梳理情节，完成图表

谢顿危机	危机表现	危机破解	英雄人物
第一次危机	银河帝国边缘的星群纷纷独立起来，端点星处于四个王国之间，却没有足够的军事力量，因而备受威胁。安纳克里昂星球则对端点星上的高科技虎视眈眈。在最紧急时刻，穹隆开启，谢顿早前录下的影像突然播放，告知他的后人端点星"银河百科全书第一号基地"的真正目的是在千年后建立一个新的银河帝国	端点星市长塞佛·哈定趁机发动政变，从心神未定的百科全书理事会手中夺权，并利用"实力均衡"的手腕带领端点星走出危机	市长塞佛·哈定
第二次危机	端点星年轻气盛的市议员，对哈定无条件援助周边诸国的政策感到不满，意图推翻哈定。四王国之一的安纳克里昂王国的野心一直未曾泯灭，想要将端点星占为己有。一次，安纳克里昂星收获了一支装载高科技但受损严重的银河帝国星舰，修好星舰后，哈定被安纳克里昂的当权者软禁了，而侵略的星舰已经开赴端点星	哈定巧妙地以深植人心的伪宗教力量使安纳克里昂王国的士兵临阵叛变，星舰被控制在了宗教掌权者的手中，安纳克里昂星也被掌控在信教的民众手中，化解了基地的第二次谢顿危机	市长塞佛·哈定

续表

谢顿危机	危机表现	危机破解	英雄人物
第三次危机	在行商的不断努力下，端点星将核能销售给了科瑞尔共和国，用核能包装了他们生产生活的各个方面，使得科瑞尔星球的居民们过上了更便捷的生活，端点星也在贸易中赚得盆满钵满。科瑞尔获得银河帝国的军事援助后，野心勃勃地向繁荣富裕的基地展开攻击	行商长侯伯·马洛说服端点星停止了对科瑞尔的技术支持，科瑞尔星球上的居民刚开始能够为了战争忍受各种不方便，但随着战争的持续，国内的反对声音越来越强，最终本国民众施压，结束战争	行商长侯伯·马洛

2. 科幻情节之真——理解危机中的文明

如何理解科幻小说虚幻情节中所蕴含的"真"？

《基地》心理史学（心理史学是一门经由历史事件预测未来趋势的科学）的一代宗师哈里·谢顿发现川陀虽然已经屹立万年，表面上势力强大，发展稳健，但暗地里却已经开始衰落。他预测帝国将在三个世纪内覆灭，未来银河将会经历一段长达三万年，充满无知、野蛮和战争的黑暗时期，于是集合帝国中最优秀的科学家，来到银河边缘的一个荒凉行星建立"基地"。

这个情节虽然是虚构的，但人们保存人类文明的决心以及人的智慧和勇气都是真实的。三次危机也映射了人类发展历程：蛮荒社会（强权制衡）、封建社会（宗教信仰）、资本主义社会（金融贸易）。

·任务二·

1. 虚幻人物之真——勾画语段，品析人物

文中哪一位英雄给你的印象最深刻？在文中进行批注，分析英雄形象。

心理史学家哈里·谢顿：性格消极悲观；富有正义感；平等待人。

哈里·谢顿一生最大的贡献，无疑是心理史学的开创。心理史学是一门经由历史事件预测未来趋势的科学，谢顿根据这门学科，大胆预测了川陀的未来。他发现川陀虽然已经屹立万年，表面上一派势力强大，发展稳健，但暗地里却已经开始衰落，他预测帝国将在三个世纪内覆灭。

市长塞佛·哈定：敢于创新、勇敢、强势，充满了智慧；目光锐利而深远。

作为端点星首席市长，他成功化解了两次谢顿危机。他面对周边邻国，采用平抑战术，使周边邻国实力均衡，让他们不敢轻举妄动。在面对年轻一辈的弹劾与已经一家独大的安纳克里昂王国时，他将人民信仰作为武器，化解了基地的大型危机。

行商长侯伯·马洛：有大局意识，能够耐心等待时机成熟，不急于一时。

他是司密尔诺人，行商长，第一位商业王侯。他曾带领基地度过第三次谢顿危机，使科瑞尔共和国无条件投降，并将其纳入基地版图。他曾孤身一人独闯西维纳，发现了帝国与核能的秘密。

2. 现实作者之真——解密危机背后的文明

> 知识卡片：阿西莫夫特意将科幻场景巨幅拉大，在全银河的背景下架构他独有的科幻世界、借由银河帝国的兴亡史来讨论人性与政治、经济、军事等文明要素产生的互动影响。这种宏观视野使他的作品处处闪动着对人类未来的关怀，超越了一般科幻作品的局限。

小说虚构的各种危机不仅折射了社会现状，同时塑造了英雄人物，歌咏了拯救人类文明的伟大使命感，而且强调了一定的哲学思想，表达了人类对未来的希望，并指出了人类，尤其是科学家的社会责任和历史使命。

（三）拓展迁移，专题探究

·任务三：亦幻亦真——解密科幻小说·

科幻小说用幻想的形式表现人类在未来世界的科学技术远景，体现着人们对未来科技的追求。请从《海底两万里》《基地》中任选一部，结合作品内容做出阐释。

示例1 《海底两万里》是"科学时代的预言家"凡尔纳的代表作。小说讲述了一个神奇的故事：一位叫尼摩的船长驾驶着自己设计制造的潜水艇"诺第留斯号"，在大海中自由航行，而事实上，当时的人类还没有发明如此先进的潜艇，更没有人潜入过深海底部，这些不过都是凡尔纳的幻想和预言。小说设想了潜水艇的强大功能，描绘了奇幻美妙的海底世界，体现了人类自古以来渴望上天下海、自由翱翔的梦想。

示例2　阿西莫夫的基地系列，讲述随着帝国的逐渐衰微，人类乘着先进的太空船，在具有高级智能的机器人的帮助下，向其他星球"移民"的故事。书中还写了飞船的超空间跳跃会在一瞬间完成；地热能、风能、太阳能等各种类能源的开发；机器人对人类的服务等情节。《银河帝国·基地》对人类的太空探索、人工智能等产生了深远的影响。

示例3　《基地》小说中有很多在那时看来十分神奇的未来科技，比如记录仪，彭耶慈利用微缩影片记录仪击败了贪婪的法尔；又如空中汽车，当盖尔第一次来川陀时，就是叫空中出租车带他去宾馆的。

（四）作业布置

科幻小说中既有虚幻，也有真实。请结合《基地》或《海底两万里》谈谈虚幻与真实在这类小说中的体现。

四、板书设计

危机文明，亦真亦幻

科幻小说
亦真亦幻

科幻情节之幻　科幻情节之真
虚幻人物之真　现实作者之真

让我们一起来聊聊爱情

一、教学目标

通过分析探讨小说中几对主人公的恋爱经历，对青春期的学生进行爱情观教育和性启蒙教育。

二、课前预习

反复阅读小说中有关贺秀莲与孙少安、田润叶和孙少安、田晓霞和孙少平、孙兰花和王满银、孙兰香和吴仲平的片段。分析、记录每一对恋人在相爱时所面临的苦难，以及他们爱情的最终走向，并对他们的感情状态进行评价。

例如：

人物	所面临的苦难	爱情的最终走向	感情状态
贺秀莲与孙少安	男方家境贫穷	结婚	幸福美满
田润叶和孙少安	双方身份地位的差距	……	……
田晓霞和孙少平	……	……	……
孙兰花和王满银	……	……	……
孙兰香和吴仲平	……	……	……

三、课堂教学

（一）第一课时

请同学们用投影展示搜集到的有关"爱情"的名言。

哪个少男不善钟情，哪个少女不善怀春。

——歌德《少年维特之烦恼》

一切正在开始的青年们还不能爱。他们必须学习。他们必须用他们整个的生命、用一切的力量，积聚他们寂寞、痛苦和向上激动的心去学习爱。

——里尔克《给一个青年诗人的十封信》

爱情，应该真正建立在现实生活坚实的基础上，否则，它就是在活生生的生活之树上盛开的一朵不结果实的花。

——路遥《平凡的世界》

谈谈贺秀莲与孙少安的爱情。

投影展示视频——"秀莲和少安的初次见面"，然后请学生（用第一人称）模仿秀莲的语气读一读女生的内心独白。

秀莲内心独白："天啊，这就是我要找的那个人嘛！他长得多帅！本地我还没有见过这么展扬的后生！这人身上有一股很强的悍性，跟上他，讨吃要饭都是放心的；只要拉着他的手，就对任何事不怵心了……穷怕什么！只要你娶我，再穷我也心甘情愿跟你走！"

分析探讨贺秀莲与孙少安爱情之路上所面临的困难。

例：穷——"孙少安家里穷得连住的地方都不够""一家人几乎吃不上白面馍"。

对贺秀莲与孙少安爱情的最终走向和婚姻生活状态进行评价。

例：两人快速步入婚姻生活，有了爱情的结晶；生活充实，幸福满满。

分析探讨贺秀莲与孙少安婚姻生活幸福美满的原因。

关键词：不忘初心　同甘共苦　艰苦奋斗（板书在黑板上）

以同样的方式继续分析探讨田润叶和孙少安、田晓霞和孙少平、孙兰花和王满银、孙兰香和吴仲平的爱情，最后板书汇总讨论结果。

人物	所面临的苦难	爱情的最终走向	感情状态
贺秀莲与孙少安	男方家境贫穷	结婚	幸福美满
田润叶和孙少安	双方身份地位的差距	润叶失恋	无疾而终
田晓霞和孙少平	双方身份地位的差距	晓霞去世	精神高度契合
孙兰花和王满银	双方家境贫穷，满银是个浪荡子	结婚	由矛盾重重慢慢走向和谐
孙兰香和吴仲平	家世悬殊	结婚	志同道合幸福美满

第一课时小结：从小说中所挑选的五对恋人的恋爱历程，没有哪一对是一帆风顺的，或许爱情和婚姻生活都得经历些苦痛，才能开花结果。

（二）第二课时

（1）老师投影展示关于王满银的短视频，并向女生提问：你愿意嫁给"王满银式"的男人吗？如果不愿意，你更愿意选择谁做你的丈夫？

（以下是女生思考和自由发言的时间）

（2）老师向男生提问：你认为自己具有以上哪一个男主的气质？哪一个女主最吸引你，是你妻子的理想人选？

（以下是男生思考和自由发言的时间）

（3）汇总同学们的讨论结果。

人物（男性）	愿意选择他做丈夫的人数	他身上的优点	他身上的缺点
孙少安		踏实肯干，有责任心……	对"大家"的重视程度大于自己的"小家"，家境贫穷……
孙少平		吃苦耐劳，有文化，有闯劲……	家境贫穷……
王满银		幽默，是村里的文艺骨干……	浪荡子，老闯祸，拖累家人，懒惰……
吴仲平		有文化，有风度，长得帅，家境好……	……

人物（女性）	愿意选择她做妻子的人数	她身上的优点	她身上的缺点
孙兰香		漂亮，有远见，有文化……	家境贫穷……
田润叶		漂亮，有奉献精神……	……
田晓霞		家境好，学习好，漂亮，素质高……	……
贺秀莲		吃苦耐劳，有韧劲，有牺牲精神……	……
孙兰花		忍辱负重，坚贞	一根筋……

老师：爱情带给人甜蜜幸福，却也伴随着痛苦挣扎。请大家想一想：好的爱情具有哪些特质？

（学生自由讨论，最后老师汇总展示在投影上）

好的爱情应该具备：

奉献精神

对彼此的尊重

相似或一致的三观

经历一些波折

……

（4）课堂小结。（投影展示，并要求学生齐读）

真挚而纯洁的爱情，一定掺有对心爱的人的劳动和职业的尊敬。

——邓颖超

爱情能够天长地久，往往不是由于本身的完美，而是由于双方都有一片宽阔的胸怀，能容纳对方的不完美。

——丁凯隆

爱情的代价是痛苦，爱情的方法是要忍得住痛苦。

——胡适

（5）课后小感悟。

请阅读网上关于《平凡的世界》这部电视剧的几个短评，任选其一，结合原著写一写你的看法。

网友1："她和心爱的人一起生活的梦想彻底破灭了……"每每想起这句话，就是说不尽道不完的悲伤。润叶，多么傻的润叶！

网友2：我觉得少安喜欢却并不爱润叶，或者说不够爱，要是爱就不舍得让润叶失望。可惜了润叶，一个不争取的男人，一个更在乎自己自尊心的男人，因为她爹的嫌弃，刺激了他的自尊心甚至报复心，马上放弃润叶和别人结婚。

网友3：田晓霞真是"白月光式"的人物啊！

简约之中蕴丰富，反复里面味无穷

——解密《契诃夫短篇小说选》中的反复式情节结构

一、教学目标

了解契诃夫小说中的反复式情节结构，理解其对小说人物塑造和主题表达的作用。

二、课前预习

阅读契诃夫的小说《苦恼》，完成学案上的任务一、二。

三、课堂教学

（一）导入

微课导入，回顾勾连：教师通过《变色龙》中奥楚蔑洛夫的六次断案，讲解反复式情节结构。

小说中的反复式情节结构，指小说的情节由多个重复的细节单元构成，但细节单元在每一次重复时都发生变异。若干个变异的细节单元叠加相连，整个作品就产生了一种新的艺术质变，进而实现作者的写作意图。

（二）精读一篇，体悟鉴赏

·任务一·

阅读契诃夫的小说《苦恼》，梳理情节，完成图表。

第×次倾诉	倾诉对象	对象的反应	倾诉是否成功
第一次	粗暴的军人		失败
第二次	三个游荡的年轻人	"大家都要死的……得了，你赶车吧，你赶车吧！"打约纳的后脑勺。谢天谢地，终于到了，不愿意再听。	失败
第三次		"你停在这儿干什么？把你的雪橇赶开！"仆人没等约纳开口就终止了谈话。	失败
第四次	马		

·任务二·

（1）文中哪一处对约纳苦恼的描写让你印象最深刻？在文中进行勾画批注。

（2）你觉得约纳最后找到倾诉的对象了吗？你怎么理解小说的结尾？

在反复的倾诉失败中，最后约纳只好向马来诉说他的悲伤。小说透过这一情节，突出了约纳孤独、善良、悲苦无助的形象。表达了作者对马车夫约纳的同情，对人与人之间冷漠隔绝的讽刺与批判，使人发出"含泪的笑"，小说的结尾出人意料又耐人寻味，极富艺术性。

虽然他在叙述故事和表达情感时处处克制，但字里行间已分明沾满血与泪痕，这就让小说产生一种强烈的对于人物的悲悯情怀。

——《樱桃园的凋零——读契诃夫》

约纳的苦恼在反复的倾诉中层层加深，情节在重复中产生变异，由向人倾诉变为向马倾诉，由量变最后到质变，加强了悲剧效果。

（三）跳读勾连，专题探究

·**任务三**·

这种反复式情节结构在《契诃夫短篇小说选》中还有很多，阅读《契诃夫短篇小说选》中的《查询》《一个文官的死》，完成探究表格，体会反复式情节结构的作用。

作品名称	反复的情节	出现的次数	小说的结局	作用
《变色龙》	奥楚蔑洛夫断案	六次	奥楚蔑洛夫将小狗送回将军家，威胁赫留金	讽刺了奥楚蔑洛夫见风使舵、媚上欺下、专横跋扈、趋炎附势的丑恶嘴脸，揭露了沙俄统治下的社会的黑暗，以及官僚阶层的厚颜无耻
《苦恼》				
《查询》				
《一个文官的死》				

总结反复式情节结构的作用：突出人物形象、深化文章主题、推动情节发展、一波三折激趣。

（四）拓展迁移

·任务四·

请结合情境，在第36段为小说补写一次约纳找人倾诉失败的情节。（反复式情节结构写作训练）

学生练笔，并进行自评、互评与展示。

原文：

墙角上有一个年轻的车夫站起来，带着睡意嗽一嗽喉咙，往水桶那边走去。

“你是想喝水吧？”约纳问。

“是啊，想喝水！”

“那就痛痛快快地喝吧……我呢，老弟，我的儿子死了……你听说了吗？这个星期在医院里死掉的……竟有这样的事！”

约纳看一下他的话产生了什么影响，可是一点影响也没看见。那个青年人已经盖好被子，连头蒙上，睡着了。老人就叹气，搔他的身子……如同那个青年人渴望喝水一样，他渴望说话。他的儿子去世快满一个星期了，他却至今还没有跟任何人好好地谈一下这件事……应当有条有理，详详细细地讲一讲才是……

评价指标	自评	互评
1. 是否运用反复式情节结构？		
2. 是否符合情境？		
3. 有没有突出人物形象的作用？		

评价指标	自评	互评
4. 是否深化了文章的主题？		
5. 是否推动了小说情节的发展？		
6. 有没有一波三折激趣的效果？		
7. 有没有生动的细节描写？		

（评价指标每项1分，符合即得1分，否则不得分。）

（五）作业布置

A类作业（必做）：

（1）每组推选出1—2篇优秀补写练笔，在公众号进行推送。

（2）（中考链接）完成"三复情节"探究卡片（2021·广东佛山顺德区九年级二模）。

B类作业（选做）：

（情境写作）二模考试结束了，你错了一道不该错的题，于是不同的人在不同的情境，以不同的角度对你说了同样的一句话："这道题你不应该错。"请你根据这一情节，运用反复式情节结构布局谋篇，写一篇作文，不少于600字。

走进白洋淀，赴一场诗意之旅

——《白洋淀纪事》名著导读

一、教学目标

探寻白洋淀之风光美、发现白洋淀之人物美、感悟白洋淀之故事美。

二、课前预习

自主完成《白洋淀纪事》整本书阅读。

三、课堂教学

（一）情境导入

放暑假了，你参加了"跟着书本去旅行——白洋淀红色之旅"的研学活动。出发前，旅行社给每位学员发了一本《白洋淀纪事》，请你开启本书的阅读，赴一场诗意之旅。

（二）精读一篇，体悟鉴赏

美妙之旅即将开始，在同学们走进美丽的白洋淀之前，首先要认识一位英雄"老头子",了解"这场英雄的行为"。

阅读《芦花荡》,文章结尾说女孩子在芦花下面"看着这场英雄的行为",思考以下问题。

(1)"这场"是指哪一场?

(2)从文中哪里可以看出老头子的"英雄行为"?在文中进行勾画批注。

(3)勾画出文中的景物描写,说说"这场英雄的行为"发生在怎样的地方。

明确以下内容。

(1)"这场"——白洋淀之故事美

护送—受伤—复仇。

(2)"英雄行为"——白洋淀之人物美

通过语言描写"他们打伤了你,流了这么多血,等明天我叫他们十个人流血""二菱,明天你跟我来看吧,有热闹哩"等,表现老头子的爱憎分明,本领高强。

通过动作描写"老头子向他们看了一眼,就又低下头去。还是有一篙没一篙地撑着船,剥着莲蓬。船却慢慢地冲着这里来了""小船离鬼子还有一箭之地,好像老头子才看出洗澡的是鬼子,只一篙,小船溜溜转了一个圆圈,又回去了""老头子张皇失措,船却走不动,鬼子紧紧追上了他"等表现老头子聪明机智、勇敢、有计谋。

通过外貌描写"老头子浑身没有多少肉,干瘦得像老了的鱼鹰。可是那晒得干黑的脸,短短的花白胡子却特别精神,那一对深陷的眼睛却特别明亮。很少见到这样尖利明亮的眼睛,除非是在白洋淀上"写出老头子的老当益壮、精明能干。

他对苇塘里的同志说："你什么也靠给我，我什么也靠给水上的能耐，一切保险。"通过语言描写，说明老头子能干勇敢、自信。

（3）发生在怎样的地方——白洋淀之风光美

孙犁笔下的战争没有血腥屠杀，没有枪林弹雨，没有硝烟弥漫，只有如诗如画，恬淡安静。

月明风清的夜晚，人们的眼再尖利一些，就可以看见有一只小船从苇塘里撑出来，在淀里，像一片苇叶，奔着东南去了。

弯弯下垂的月亮，浮在水一样的天上。

月亮落了，半夜以后的苇塘，有些飒飒的风响。

第二天，中午的时候，非常闷热。一轮红日当天，水面上浮着一层烟气。

水淀里没有一个人影，只有一团白绸子样的水鸟，也躲开鬼子往北飞去，落到大荷叶下面歇凉去了。

这里的水却是镜一样平，蓝天一般清，拉长的水草在水底轻轻地浮动。

在那里，鲜嫩的芦花，一片展开的紫色的丝绒，正在迎风飘撒。

（三）跳读勾连，专题探究

白洋淀还有很多英雄的人物和美丽的故事，此次研学要求同学们阅读完整本书，全班分成三大组，每组选择一个探究任务，你们准备好了吗？

探究专题：

1. 探寻白洋淀之风光美

2. 发现白洋淀之人物美

3. 感悟白洋淀之故事美

组员选择以上一项任务完成，完成后组内进行分享、互评，再推荐到全班展示。

（四）作业拓展迁移

课后同学们继续阅读《白洋淀纪事》，每组在以下作业中任选一项完成。

（1）将本组的朋友圈文案整理后，进行一期"白洋淀之风光美"的公众号推文。

（2）将本组所写的人物颁奖辞整理后，进行一期"白洋淀之人物美"的公众号推文。

（3）将本组所设计的短视频脚本拍成微电影，发布到公众号。

《西游记》之趣经女儿国

一、教学目标

（1）理解《西游记》中"趣经女儿国"章节的主要内容和情节，体会其中的趣味性和文学价值。

（2）通过对文本的深入阅读，提高学生的阅读能力和鉴赏能力。

（3）激发学生的想象力和创造力，培养学生的表演和表达能力。

二、教学重难点

教学重点：分析"趣经女儿国"中的趣味元素，理解其文化内涵和作者的写作意图。

教学难点：如何通过课本剧表演的形式，将故事中的趣味性和文学性展现出来。

三、课堂教学

（一）导入

通过提问引导学生回忆《西游记》中的相关情节，激发学生对"趣经女儿国"章节的兴趣。

简要介绍"趣经女儿国"的背景和故事梗概，为接下来的学习做铺垫。

（二）初读作品

（1）学生自主阅读"趣经女儿国"章节，勾画出生词难句，初步理解故事情节。

（2）教师针对生词难句进行讲解，帮助学生扫除阅读障碍。

（三）慢品情节

（1）分组讨论：学生分组讨论故事中的趣味元素，如人物性格、情节发展等。

（2）分享交流：每组选代表分享讨论成果，教师点评并补充。

（3）深入挖掘：教师引导学生思考故事背后的文化内涵和作者写作意图，体会其中的深意。

（四）趣在哪里

教师提出问题：你认为"趣经女儿国"中的"趣"体现在哪些方面？

学生独立思考并回答，教师总结归纳。

1. 趣在人物塑造

唐僧、孙悟空、猪八戒、沙僧等主角的性格特点都得到了淋漓尽致的展现。

唐僧虽然一心向佛，但面对女儿国国王的深情厚谊，也难免心生动摇，这展现了他的凡心未泯。

孙悟空则机智勇敢，他在化解唐僧与女儿国国王的误会中起到了关键作用。

猪八戒则是一如既往地贪吃懒惰，但在关键时刻也能挺身而出。

沙僧忠诚稳重，始终坚守职责。

2. 趣在情节设置

"趣经女儿国"的情节也充满了曲折和悬念。

（1）在女儿国外面的子母河，喝了水的唐僧和猪八戒"怀孕"了。

（2）唐僧被女儿国国王看中，差点儿被迫与国王成婚。

（3）孙悟空巧施妙计，让唐僧摆脱困境的情节，更是让人拍案叫绝。

3. 趣在语言表达

作者运用生动的比喻、形象的描写，使得故事中的场景、人物都栩栩如生。同时，作者还巧妙地运用了幽默诙谐的语言，使得整个故事充满了趣味性。

（1）比喻的运用

在描述猪八戒看到女儿国国王时的反应时："那呆子看到好处，忍不住口嘴流涎，心头撞鹿，一时间骨软筋麻，好便似雪狮子向火，不觉的都化去也。"这里将猪八戒的情态比喻为"雪狮子向火"，生动地展现了他被国王美貌所吸引的痴态。

（2）幽默诙谐的语言

当描述猪八戒因贪吃而误饮子母河水怀胎时："八戒口里嚷

道：'罢了！罢了！胎气上涌，忍不住流出来了！'"这种诙谐的表达方式，既体现了猪八戒的贪吃本性，又给故事增添了几分幽默感。

在唐僧与女儿国国王的对话中，作者也运用了一些幽默诙谐的言辞。比如唐僧在面对国王的深情表白时，内心虽然有些动摇，但表面上还要保持镇定，这种矛盾的心理状态被作者以幽默的方式呈现出来，使得故事更加有趣。

（3）形象的描写

女儿国的景色被描绘得如诗如画："地处灵山中，景色秀雅，水质清澈，空气清新，充满着神秘的气息。"这样的描写使得女儿国给读者留下一个山明水秀、神秘莫测的映象。

对于女儿国国王的服饰和举止，作者也有细腻的描写："宫妆巧样非凡类，诚然王母降瑶池。"以及她"俏语娇声"地与唐僧对话的情景，都使得她的形象更加立体生动。

（五）课本剧表演

1. 分组准备

学生根据兴趣自愿分组，每组选择故事中的某个片段进行课本剧表演。

2. 角色分配

学生根据自己的特长和喜好选择角色，教师给予指导和建议。

3. 排练与表演

学生在课下进行排练，教师定期检查并给予指导；最终在课堂上进行表演，展示学习成果。

4. 评价

（1）学生自评：表演结束后，学生对自己的表演进行自我评价，反思自己在表演中的优点和不足。

（2）互评与师评：学生进行互评，指出彼此的优点和建议；教师给予总体评价，肯定学生的努力和进步，同时提出改进意见。

跟着名家学经典

——《经典常谈》名著阅读

一、教学目标

（1）让学生了解《经典常谈》的基本内容和结构，掌握其分类方式。

（2）引导学生理解朱自清及其《经典常谈》在传承和弘扬中国传统文化方面的价值。

（3）培养学生利用《经典常谈》学习传统文化的兴趣和能力，提升学生的文化素养。

二、教学重难点

教学重点：对《经典常谈》内容的理解和分类，以及了解其对传统文化的解读和传承的价值。

教学难点：如何引导学生深入领会《经典常谈》中蕴含的文化内涵，并将其应用到实际学习和生活中。

三、课堂教学

（一）课堂导入

通过提问的方式，引导学生回顾已学过的传统文化知识，激发他们对传统文化的兴趣。

（二）背景介绍

《经典常谈》写于1942年，是朱自清先生介绍中国古代文学、历史、哲学经典的启蒙读物。

（三）内容概括

按照历史发展的脉络，梳理了《说文解字》、《周易》、《尚书》、《诗经》、"三《礼》"、"《春秋》三传"、"四书"、《战国策》、《史记》、《汉书》、诸子、诗、文等经典内容。全书见解精辟，文笔优美，通俗流畅，深入浅出，是读者了解中国古代文化典籍的经典指南，也是国学入门书。

1.《〈说文解字〉第一》

秦以前，战国末期，由于文字统一的需要，进而出现了仓颉造字的传说；

秦以后，始皇时，文字统一为小篆，又形成隶书；

汉末时，隶书由椭圆变为扁方，称作"汉隶"；

魏晋之际，隶书变为"正书"；

晋至唐朝，又称为"隶书"，称"汉隶"为"八分书"；晋代正书简化形成"行书"，晋代也称为"楷书"，宋代又改称为"真书"。

2.《〈周易〉第二》

战国末期道家、阴阳家学说盛行，儒家借卦爻辞发扬儒家哲学，留存下来的便是《易传》；此外还有《文言》《系辞》两传；到了汉代，又新发现了《说卦》《序卦》《杂卦》三种传，后称为《逸易》。

3.《〈尚书〉第三》

《尚书》包括虞、夏、商、周四代，大部分是号令，就是向大众宣布的话，小部分是君臣相告的话；也有记事的，大都是战国末年人所记。

4.《〈诗经〉第四》

春秋时通行赋诗；孔子时代，用《诗》讨论做学问做人的道理；孔子以后，"《诗》三百"成为儒家的"六经"之一。

5.《三〈礼〉第五》

汉代学者所传习的有三种经和无数的"记"，三种经是《仪礼》《礼古经》《周礼》；"记"是儒家杂述礼制、礼制变迁的历史，或礼述之作。汉代的"记"很多，流传到现在的只有三十八篇《大戴记》和四十九篇《小戴记》。

6.《〈春秋〉三传第六（〈国语〉附）》

《春秋》三传为《左传》《公羊传》《穀梁传》，是对我国最早的断代编年史《春秋》的解释。"三传"特别注重《春秋》的劝惩作用。"三传"解释经文时，常常不顾上下文穿凿附会起来；"三传"之中，《公羊传》《穀梁传》均以解经为主；左氏却以叙事为主，参考群籍，详述史事。

7.《四书第七》

"四书"分别是《大学》《中庸》《论语》《孟子》。

《礼记》里的《大学》，本是一篇，朱子将其分成经一章、传十章，传是用来解释经的。

《中庸》是孔门传授心法的书，是子思记下来传给孟子的。书中所述的人生哲理意味深长。

《论语》是孔子的弟子们记的，读者能从中学习许多做学问和做人的道理。如"君子""仁""忠恕""时习""阙疑""好古""隅反""择善""困学"等，都是可以终身受益的。

《孟子》据说是孟子本人和弟子公孙丑、万章等共同编定的。

8.《〈战国策〉第八》

战国时期诸国关系紧张，战争随时可起，担负外交的策士开始受到重用。当时各国所重的是威势，策士所说原不外乎战争和诈谋，但要因人因地进言，广博的知识和微妙的机智都是不可少的。汉代刘向在汉初著名说客蒯通整理和润饰的基础上，把这些策士的说辞编成了《战国策》。

9.《〈史记〉〈汉书〉第九》

司马迁早年漫游各地，了解风俗，采集传闻。他以"究天人之际，通古今之变，成一家之言"的史识创作了中国第一部纪传体通史《史记》，汉人称之为《太史公书》。《史记》体例有五：十二本纪，记帝王政绩，是编年的；十表，以分年略记世代为主；八书，记典章制度的沿革；三十世家，记侯国世代存亡；七十列传，类记各方面人物。

《史记》以后，续作很多，但不是偏私，就是鄙俗；班彪加以整理补充，著了六十五篇《后传》。

　　《汉书》，又称《前汉书》，是中国第一部纪传体断代史。由汉朝东汉时期史学家班固编撰。其中《汉书》八表由班固之妹班昭补写而成，《汉书》天文志由班固弟子马续补写而成。《汉书》全书主要记述了上起汉高祖元年（前206），下至新朝王莽地皇四年（23）共230年的史事，包括纪十二篇，表八篇，志十篇，传七十篇，共一百篇。

10.《诸子第十》

　　春秋末年，周王室衰微，礼崩乐坏，在这个大变动的时代中，一些才智之士"持之有故，言之成理"。这便是诸子之学，大部分可以称为"哲学"。诸子都出于职业的"士"。"士"本是封建制度里贵族的末一级，但到了春秋战国之际，"士"成了有才能的人的通称。

11.《辞赋第十一》

　　屈原是我国历史中永被纪念的一个人。《楚辞》中的《离骚》和《九章》都是屈原放逐时所作。荀子的《赋篇》最早称"赋"。《赋篇》安排客主，问答成篇，开后来赋家的风气。《汉书·艺文志·诗赋略》将赋分为四类。东汉后班固作《两都赋》，张衡仿作《二京赋》，晋左思作《三都赋》。

12.《诗第十二》

　　汉武帝立乐府，采集代、赵、秦、楚的歌谣和乐谱，以备传习唱奏。汉末，一般文体都走向整炼一路；晋代诗逐渐排偶化、典故化，玄言诗兴盛；唐代谐调发展，成立了律诗绝句；宋初的诗专学李商隐，末流只知道典故对偶；南宋的三大诗家都是从江西派变化出来的。

13.《文第十三》

春秋时期列国交际频繁，外交言语关系国体和国家的利害，也称为"辞"；战国时代，游说之风大盛；孔子开了私人讲学之风，从此便有了私家著作；记事文也伴随着议论文的发展有了长足发展。

（四）跟着《经典常谈》学传统文化

结合《经典常谈》的内容，引导学生学习传统文化知识，如诗词、礼仪、道德等。

以小组讨论、角色扮演等方式，让学生在实际操作中体验传统文化的魅力。

（1）访谈：一名学生扮演记者，采访由学生扮演的朱自清写《经典常谈》的初衷、目的。

（2）设置"秦始皇登基"情境，需要提前做好哪些礼仪准备？（学生分角色扮演礼官）

（五）课后作业与反馈

（1）阅读《经典常谈》的相关章节。

（2）完成《经典常谈》中自己感兴趣的知识点的两张思维导图。

名著我来讲

——《钢铁是怎样炼成的》读书交流会

一、教学目标

（1）学习摘抄和做笔记的方法，提升阅读质量。

（2）把握《钢铁是怎样炼成的》的基本情节、主要人物形象、主题和艺术特色等。

（3）培养学生综合概括能力、分析理解能力和评价创造能力。

二、教学重难点

调动学生进行《钢铁是怎样炼成的》的"真阅读"，并进行整合提炼，形成自己的理解感悟与评价。

三、前期学习内容

（1）阅读《钢铁是怎样炼成的》，做读书笔记。

（2）小组自选专题，进行研读。

（3）组内研讨交流，确定分享的主讲人。

四、本节活动过程

（一）按主题分小组分享交流

探究主题：

（1）《钢铁是这样炼成的》——情节梳理

（2）跟着《钢铁是怎样炼成的》学写作

（3）英雄也多情——保尔的爱情观分析

（4）感悟钢铁战士的精神内核——保尔的形象分析

（二）读书方法指导——摘抄和笔记

（1）摘抄式

（2）体会式（读后感）

（3）提纲式（思维导图）

（4）批注式

（三）活动小结

本节课通过分小组进行专题研讨、分享交流，对《钢铁是怎样炼成的》整本书进行了情节梳理，并分析了保尔的人物形象、保尔的爱情观，还分享了如何跟《钢铁是怎样炼成的》学写作。同学们根据自己的兴趣，自主选择主题，通过文本细读、合作探究，以小组的形式将探究成果一一呈现，展现同学们独特的阅读体验和丰富的阅读成果。

《钢铁是怎样炼成的》这本书是一部充满力量与激情的作品，它让我们明白了人生的意义在于奋斗与拼搏，强调了团结与友谊、信念与毅力的重要性，并提醒我们要珍惜生命、关注社会。希望我们都能从这本书中汲取力量，勇敢地面对人生的挑

战，不断追求进步与成长。希望通过今天这节课的分享，同学们
能对这本书有更深的感受。

（四）作业布置

自主阅读路遥的《平凡的世界》，并做摘抄和批注。

科举制度下的百态儒生

——《儒林外史》

一、教学目标

1. 知识与技能

（1）让学生熟悉《儒林外史》的基本内容，了解其主要人物和故事情节。

（2）引导学生理解小说中描绘的儒生百态，体会作者讽刺手法的运用。

2. 过程与方法

（1）通过阅读、讨论和案例分析，培养学生对文学作品的鉴赏能力和批判性思维。

（2）鼓励学生自主探究，从多角度解读文本，培养独立思考的能力。

3. 情感态度与价值观

（1）激发学生对古典文学的兴趣，培养他们对中国传统文化的热爱和尊重。

（2）通过分析小说中儒生的形象，引导学生反思当代社会的价值观和自己的人生态度。

二、教学重点

（1）小说中儒生形象的塑造及其背后的社会意义。

（2）作者讽刺手法的运用及文学效果。

（3）通过品评书中的儒生百态，探讨小说所反映的社会问题和人性弱点。

三、课堂教学

（一）课堂导入

教师用孔乙己、范进等科举制度下的读书人形象导入，让学生对"儒生"有初步印象。

（二）前置作业反馈

1. 简要介绍

《儒林外史》不仅是清中叶唯一一部长篇儒林小说，而且是我国古代文学史上最杰出的长篇讽刺小说，标志着我国古代讽刺小说艺术发展的新阶段。

2. 作品主题

《儒林外史》主要描写封建社会后期知识分子及官绅的活动和精神面貌，成功塑造了生活在封建末世和科举制度下的封建文人群像，反映了封建社会末期腐朽黑暗的社会现实，批判了八股取士制度，揭露了封建统治阶级的罪恶和虚伪。

3. 作家作品

吴敬梓的个人经历，令他对考八股、开科举等制度的利弊感受尤深。而在时代背景上，清朝康熙、雍正、乾隆三代时，中国已经出现了资本主义生产关系的萌芽，社会表面的繁荣掩盖不了封建社会的腐朽。统治者镇压武装起义的同时，大兴文字狱，以考八股、开科举、提倡理学等方法统治思想、禁锢士人。

作者介绍：吴敬梓（1701—1754），清代小说家，字敏轩，号粒民，晚号文木老人，别署秦淮寓客，安徽全椒人。他早年生活豪纵，后家业衰落，移居江宁。他以长篇小说《儒林外史》成就最高，另有《文木山房集》《文木山房诗说》等作品。

（三）儒生分类及代表人物

《儒林外史》主要写了四类人。

（1）腐儒的典型——周进、范进。

（2）官绅的典型：

贪官污吏——汤奉、王惠。

土豪劣绅——严监生、严贡生。

（3）"八股迷"的典型——马静、鲁编修。

（4）正面人物的典型——王冕、杜少卿等。

（四）经典故事会

选自己觉得最经典的故事情节，用自己的话先组内分享，再全班分享，并把故事写出来。

具体要求如下：

（1）梳理情节，准备提纲。

（2）抓住梗概，注意细节。

（3）体会情感态度与思考。

严监生：两根灯草

范进：范进中举

周进：周进撞号板

（五）课堂小舞台

从上面三个故事中选出一个，改编成舞台剧。

评价人	神态	动作	语言	备注
自己				
同学				
老师				

（六）作业布置

（1）继续品读作品。

（2）就作品的艺术特色、人物描写或者语言风格等，写一篇阅读评论，不少于800字。

在人生的十字路口眺望

——从《哈利·波特与死亡圣器》的矛盾选择中看人物形象

一、教学目标

通过探究《哈利·波特与死亡圣器》中的人物做出的选择，了解书中的人物形象和主题表达。

二、课前预习

（1）阅读《哈利·波特与死亡圣器》全书。

（2）小组合作，模仿网络影视解说短视频，写作"5分钟读完《哈利·波特与死亡圣器》"解说文案，并制作简易视频。

三、课堂教学

（一）课堂导入

播放学生"5分钟读完《哈利·波特与死亡圣器》"短视频，快速回顾书中情节。

《哈利·波特与死亡圣器》是J.K.罗琳"哈利·波特"系列的最后一部作品,刚刚成年的哈利不得不面对的大战、扑朔迷离的真相、痛苦至极的离别、正义与邪恶的交锋,伏地魔与哈利多年的纠葛即将盖棺论定。

在魔法时代的洪流中,每个人都被裹挟着前进,这本书将带着沉重的基调,让我们随着哈利的视角探索成人世界中的阴暗面,体悟战争的残酷。

这节课我们从"选择"这个话题入手,了解人物做出选择的原因,更重要的是通过理解他们的选择,探究小说想要表达的主题。

(二)精读一篇,体悟欣赏

(阅读选段:第34章　又见禁林)

1. 直面死亡

思考并批注:哈利在决心走向死亡的过程中,都想了什么,做了什么?

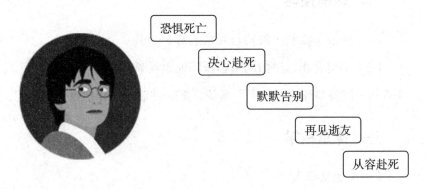

恐惧死亡

决心赴死

默默告别

再见逝友

从容赴死

活动:为电影片段配音,感受哈利内心的挣扎。

2. "选择"之矛盾

讨论：求生是人类的本能，为什么哈利不选择用死亡圣器保全自己的性命，而是在找到死亡圣器后依然决心赴死？

小结：魂器一直藏在哈利的身体里，如果哈利不选择赴死，伏地魔就总有再生的一天，如果他选择自保，那世界将永无宁日。邓布利多培养哈利勇气与智慧，就是希望他在面临"大义"时能够挺身而出，舍生取义。作者没有塑造一个完美正面的形象，哈利也有自己的弱点，他和所有青春期的少年一样热血冲动，他很有天分，很优秀，可是他也怨恨身边的一切，也想逃走，但他只是想想而已。他和朋友们找寻魂器，历经生死，饱尝痛苦，接受自己的"死亡"后重返现实，战胜了伏地魔。选择的矛盾将人物形象推上了顶峰。

（三）跳读勾连，专题探究

研读《哈利·波特与死亡圣器》其他人物的选择。

人物	他/她的选择	选择的矛盾点	人物形象
邓布利多			
斯内普			
多比			
伏地魔			
纳西莎·马尔福			
（自选）			

讨论：选择表格中的两个人物，联系情节，说说这个人物在书中面临着怎样的选择；在人生的十字路口，他的选择展现了人性的哪些优点或弱点；作者想要通过人物的选择，传达怎样的价值观。

（四）拓展迁移

学习刻画面临选择的人物或人物心理。

像雨点打在冰冷的窗户上，这些思绪纷乱地砸在那个硬邦邦的、不可否认的事实上，事实就是他必须死。我必须死。事情必须结束。

罗恩和赫敏似乎在很远很远的地方，在某个遥远的国度。他觉得自己跟他们分开很久了。不要告别，也不要解释，他已经拿定了主意。这是一段他们不能结伴同行的旅途，他俩会想方设法阻止他，那只会浪费宝贵的时间。他低头看了看十七岁生日得到的那块变了形的金表。伏地魔规定他投降的时间已经过去了近半个小时。哈利站了起来，心像一只疯狂的小鸟，猛烈地撞击着他的胸肋。也许它知道时间已经不多了，也许它决定在结束之前完成一生的跳动。哈利没有回头再看一眼，关上了办公室的门。

仿写文段，写一次你做出决定的经历。

（五）作业布置

《哈利·波特与死亡圣器》中还有很多可以探究的主题，请从以下主题中选择一个，写小论文。

（1）"哈利·波特"系列中的"精灵解放"平权思想。

（2）"哈利·波特"系列中的"铁三角"友谊。

（3）"哈利·波特"系列中的爱情，以斯内普和莉莉、哈利和秋·张、罗恩和赫敏为例。

（4）"哈利·波特"系列中的神奇生物与西方神话。

（5）"哈利·波特"系列中的悬念、伏笔设计。

从"乐园"到"失乐园"

——《朝花夕拾》之《从百草园到三味书屋》

一、文本解读

《从百草园到三味书屋》是统编语文教科书七年级上册第三单元第一篇课文。该单元课文主要是关于学习生活的，从中可以了解不同时代少年儿童的学习状况和成长经历，感受到永恒的童真、童趣、友谊和爱。被誉为"民族魂"的鲁迅先生童年是怎样的呢？他写了自己的"乐园"——百草园，在这里他享受着田园牧歌般美好的生活。可惜美好是短暂的，随后他来到了他的"失乐园"——三味书屋，这里严肃、压抑的氛围让他渐渐失去了自己的乐趣，被迫长大。文章既写了百草园无忧无虑的美好生活，赋予百草园以无限美好、神秘的韵味，也表达了对寿镜吾老师的尊重，更表达了对告别童年的无奈和痛苦。

从文章题目可以看出，本文包括两个部分，表现了作者由童年的游戏、玩乐到长大读书的成长过程。作者先从百草园生活写起，点出那里曾经是"我的乐园"。为什么说是"我的乐园"

呢？"不必说……也不必说……单是……"这一句式将儿童眼中百草园的无限趣味全都包容其中了。但是有一处谁都不敢去，是什么地方呢？那就是长着很长的草的地方。为什么呢？"因为相传这园里有一条很大的赤练蛇"，这给百草园增添了几许神秘色彩。百草园的冬天又是怎样的呢？"冬天的百草园比较的无味；雪一下，可就两样了。"于是作者又想到雪地里捕鸟，那快乐、那情趣，自在其中了。这是百草园的生活，作者抓住"乐园"来写，满溢着生机和活力。

慢慢地，"我"长大了，家里人要送"我"去读书，"我"不得不离开"我的乐园"了。这里，作者用一个过渡段，巧妙地将自己的百草园生活过渡到了随先生读书的学习生涯。文章接着写在三味书屋的读书生活。从先生来说，一是知识渊博，但拒绝回答"怪哉"一类的问题；二是教学认真，不断增加教学内容，读书很投入，但不太束缚学生，也基本上不体罚学生。从学生来说，一是敬慕老师的渊博，喜欢提问，愿意了解新知识；二是一有机会便跑出去玩，寻找读书以外的乐趣；三是趁老师读书入神，在座位上做各种游戏、画画儿等。从这几个片段不难看出，当时的私塾教育并不像我们想象的那么严厉，孩子们还是有相当多的自由的。但作者依然不觉得这里快乐，而是觉得压抑、苦闷，因为他从"三味书屋"就开始要长大了，要承担生活的重担了，要开始他"失乐园"的生活了。

二、教学目标

（1）反复朗读文章的精彩段落，把握文章叙事、写景井然有序的特点。

（2）品味生动、准确、传神的语言，丰富词汇，提高语言表达能力。

三、教学重难点

教学重点：自主阅读基础上的三个维度的主题鉴赏。

教学难点：理解"失乐园"原因。

四、教学过程

（一）课前学习任务单

（1）独自阅读课文，体会作者在百草园和三味书屋生活的区别。

（2）找出第一段中景物描写的特点，同时找出三味书屋的环境描写。

（二）教学准备

（1）制作预习清单。

（2）进行学习小组的分组。

（三）课堂教学

·从"乐园"到"失乐园"·

情境一：赏美景

艺术品不等于从一扇透明窗子看到的外部世界的景象，而是一种独特的人类观看世界的方式。

——布洛克

小明同学计划明年暑假前往绍兴旅游，正好本学期学到鲁迅先生的《从百草园到三味书屋》，于是他到网上查了一下资料，结果他看到一张百草园的图片，有点儿失望，觉得鲁迅先生是骗人的！鲁迅先生笔下的百草园到底是什么样子的呢？

学生任务如下。

（1）在鲁迅看来，百草园是个什么样的地方？（用原文的2个字概括）

明确："乐园"

（2）是什么让儿童鲁迅觉得百草园是一个乐园呢？

明确：百草园美景、美女蛇故事、雪地乐捕鸟

（3）那么鲁迅先生笔下的百草园，具体是什么样的呢？

明确：

颜色：碧绿、紫红、黄色（视觉）

形状：光滑、高大、肥胖、短短、拥肿、小球……（视觉和触觉）

声音：低唱、弹琴、拍的一声……（听觉）

味道：又酸又甜（味觉）

修辞手法：排比、比喻、拟人

描写顺序：空间有序

独特句式：不必说……也不必说……单是……

调动人体感官：视觉、触觉、味觉、听觉

短短一段文字，作者娴熟地运用各种写法，文字驾驭精妙绝伦，读来就是一幅"乐园美景图"。

（4）小组合作探究：小明更加疑惑了，上面的描写不恰恰证

明了鲁迅先生在骗人吗？！百草园并没有那么美啊！谁能帮小明解惑呀？

合作探究后，师生明确：

① 作者从儿童视角出发，从儿童实际生活出发，描写看到的景物、观察到的动物、吃过的食物，都是美好的。

② 进行艺术再创作，加入了比喻、拟人、排比、联想、想象等手法，成了一篇文学作品。

③ 这篇文章是鲁迅人到中年后写的回忆性散文，倾注了对童年美好生活的怀念和眷恋。

·看园是园—看园不是园—看园还是园·

情境二：讲故事

小明消除了顾虑之后，开始做旅游攻略。为了增加小明对百草园的兴趣，你决定给他讲一讲百草园里美女蛇的故事。怎么讲才能吸引他呢？

明确：以讲故事的语言、语气、神态、动作等烘托百草园的神秘感。

情境三：学捕鸟

假如你是负责带团的导游，为了让团里的孩子们寒假的时候再来，你想教他们捕鸟。你觉得应该着重教哪部分呢？

（　　）开一块雪，（　　）出地面，用一枝短棒（　　）起一面大的竹筛来，下面（　　）些秕谷，棒上（　　）一条长绳，人远远地（　　）着，看鸟雀下来（　　），（　　）到竹筛底下的时候，将绳子一（　　），便（　　）住了。

学生任务如下。

（1）请学生阅读课文第7段，在（　　　）里面填上动词，并体会这些动词的妙处。

师生明确：这些动词准确生动地表现了雪地捕鸟的过程，写出了儿童雪后捕鸟的兴奋与惊喜。

（2）小明觉得捕鸟太有意思了，尤其是描写捕鸟过程的动词，太精彩了！于是他决定用几个动词写一段话。他想到下课铃声响后，班主任老师不停催促同学们快点儿排队的情形，他想写下来，并告诉自己至少要连续用到5个动词。

明确：八分钟后，学生小组分享，并推荐2篇全班分享。

情境四："失乐园"

（1）参观了百草园后，小明赶紧给朋友打电话说，百草园太有趣了，他都想留在这里上学了。朋友却说，百草园有趣，但是三味书屋很无聊啊，还是自己的学校好。你能说说小明的朋友和儿童鲁迅为什么那么不喜欢三味书屋吗？

学生阅读课文第10—24段。

讨论后，师生明确：

三味书屋老师：严厉。

三味书屋学习环境：压抑。

三味书屋学习内容：枯燥。

三味书屋学习心情：苦闷。

（2）导游听了小明的话后，问小明：你觉得鲁迅在三味书屋的生活都是枯燥无聊的吗？小明认真想了想，回答道：

后面有园子，偷跑去玩；

读书声音、动作；

指甲上做戏；

画画；

"怪哉虫"；

先生不体罚。

教师引导学生想到，三味书屋也不是一味的枯燥无聊，先生也不是一味的严肃，那么鲁迅为什么会不喜欢三味书屋呢？为什么在这里他就"失去了快乐"呢？

小组讨论后明确：

离开百草园，意味着告别童年，走向成长的道路。

不喜欢的不是三味书屋，而是三味书屋里严厉、枯燥的成长；

留恋的也不是百草园，而是百草园里无忧无虑、自由自在的童年。

师生总结：文章是属于作者的，作者是属于时代的，不论何种时代，我们都需要这种高度的文化认同。

（四）布置作业

绍兴之旅对小明的影响很大，他仿佛看见了百草园里童年鲁迅的"乐"，也感受了三味书屋中成长的代价——失去了童年的"百草园"。小明感叹道："每个人成长中都会有自己的'百草园'和'三味书屋'。"于是，他决定写一篇关于"成长"的作文。

五、板书设计

从百草园到三味书屋

百草园——乐园
赏美景
讲故事
学捕鸟
三味书屋——"失乐园"

童年快乐生活

↓

成长

附：《从百草园到三味书屋》课堂评价

愿景	我们向经典致敬，因为经典是名家大家的思想传承；我们尊重学生，因为学生是课堂的主体；我和学生在致敬经典中，同分析、共碰撞，点燃智慧的火花。						
目标	自评			他评			建议
	A	B	C	A	B	C	
赏析 深入文章字词句							
合作 积极参与交流合作							
表达 口头与书面表达并重							

从似曾相识到入木三分

——《变色龙》

一、教学目标

（1）把握小说情节，理解小说主人公奥楚蔑洛夫见风使舵、趋炎附势、专横跋扈、媚上欺下的人物形象。

（2）理解小说的社会意义，体会小说的批判精神。

（3）探究讽刺笔法，学习阅读讽刺小说的方法。

二、课前预习

（1）读课文，标段号，不认识的字查字典注音。

（2）小说写了奥楚蔑洛夫的哪些"变"？在文中将"变"的细节用波浪线勾画出来。

（3）用横线画出作者对人群的描写。

三、课堂教学

（一）第一课时

活动一：理清故事情节

小说写了奥楚蔑洛夫的哪些"变"？

（1）审判结果的变——对比、夸张；

（2）对小狗称呼的变——对比、夸张；

（3）对赫留金态度的变——对比、夸张；

（4）穿脱大衣的变——细节描写。

活动二：把握人物形象

奥楚蔑洛夫：

见风使舵，趋炎附势；

专横跋扈，媚上欺下；

心口不一，装腔作势。

（二）第二课时

活动一：复习回顾

小说写了哪些"变"？（快速回顾）

奥楚蔑洛夫审判结果的变化、对小狗称呼的变化、对赫留金态度的变化、穿脱大衣的变化。

除了这些，你还在文中读出了哪些"变"？

巡警的变；

赫留金的变。

他那半醉的脸上现出这样的神气："我要揭你的皮，坏蛋！"就连那手指头也像是一面胜利的旗帜。……现在大家都平等啦。不瞒您说，我的兄弟就在当宪兵……

活动二：体会批判精神

这些变化的原因是什么？

变化取决于狗的主人是不是权贵。这变化当中不变的东西是对权贵的阿谀奉承，巴结讨好。

小说想要表达什么？

对奥楚蔑洛夫阿谀奉承的讽刺与批判。

仅仅是对奥楚蔑洛夫这个人吗？你还读出了对什么的讽刺与批判？

对这一类人的讽刺与批判。上至大官员将军，下至小市民，都是这么善变，作者想批判的其实是滋生这种现象的社会、土壤。

所以这篇小说其实是通过对一个人、一个故事，表达对一类人、一群人、一种社会现象的批判。这就是契诃夫的小说，看似简单的情节，却蕴含着深刻的意味。请同学们思考：这种讽刺和批判是通过什么手法表现的？

对比、夸张（变化快，跨度大）、细节描写。其中对比和夸张常产生于细节描写当中。

活动三：探究讽刺笔法

回顾学过的讽刺小说，说说小说是如何运用对比、夸张等艺术手法收到讽刺效果的。（课后第三题类题）

小说的主题是在一个个细节中"生长"出来的，对所有细节的恰切理解自然地引导出小说的主题。

——王荣生

回顾学过的讽刺小说，完成表格。

篇目	情节 （具体细节）	讽刺笔法 （运用的手法）	作用 （讽刺与批判）
《变色龙》	在第一次得知狗的主人是将军时，奥楚蔑洛夫说"天这么热"，脱下大衣；第二次得知狗的主人是将军时，奥楚蔑洛夫又说"好像起风了，天挺冷"，穿上大衣	对比、夸张、传神的细节描写，写出了奥内心的慌张、恐惧，以及想要极力掩饰自己转变态度的尴尬	讽刺批判了奥楚蔑洛夫这类小官僚的见风使舵、媚上欺下，侧面写出位高权重者的霸道，讽刺批判了孕育这些腐败、黑暗的腐朽专制的社会
《我的叔叔于勒》	（1）"我"看到于勒叔叔的穷苦不堪，内心不忍，给了他十个铜子的小费，母亲暴跳如雷	对比、传神的细节描写，"我"的善良和菲利普夫妇的冷漠形成对比	讽刺批判了菲利普夫妇的冷漠、自私，揭示了资本主义社会人与人之间赤裸裸的金钱关系
《范进中举》	胡屠户在范进中举前骂他是"现世宝穷鬼""尖嘴猴腮"，一口啐在他脸上；范进中举后却说他才学高，品貌好，见女婿衣裳后襟滚皱了许多，一路低着头替他扯了几十回	（2）对比、夸张、传神的细节描写，写出范进中举前后胡屠户对范进截然不同的态度	讽刺批判了胡屠户的前倨后恭、趋炎附势，以及封建科举制度对人的毒害、社会的世态炎凉
《孔乙己》	落魄的孔乙己在旁人的说笑声中，坐着用手走去	以乐写哀，环境的"乐"与人的"哀"形成对比	（3）讽刺批判了看客的冷漠麻木和社会的世态炎凉，表达反封建的主题

讽刺笔法：对比，夸张，传神的细节，环境的烘托，反复式的情节，耐人寻味的结尾。

活动四：拓展迁移运用

阅读契诃夫的小说《一个文官的死》，思考：是什么导致了主人公切尔维亚科夫的死？

（三）布置作业

（1）阅读《儒林外史》有关王玉辉的章节（第四十八回），说说作者在刻画人物的过程中，运用了哪些讽刺手法，产生了怎样的讽刺效果。

（2）（选做）推荐阅读《契诃夫短篇小说选》中的《套中人》和《查询》，进一步体会契诃夫小说的讽刺艺术。

一夜梨花雪，千古送别情

——《白雪歌送武判官归京》

一、教学目标

（1）诵读诗歌，读出诗歌韵味，了解诗歌内容。

（2）品读诗歌，理解诗歌意境，体会作者对友人的依依惜别之情，以及作者豪放雄壮的诗风。

（3）悟读诗歌，拓展迁移，把握送别诗的意象和特点。

二、课前预习

熟读诗歌，搜集送别诗，摘录到积累本上。

三、课堂教学

（一）活动一：身临其境诵古诗

多种形式诵古诗：教师范读，学生自读，学生配乐朗诵。

领诵1：北风卷地白草折，胡天八月即飞雪。

领诵2：忽如一夜春风来，千树万树梨花开。

领诵1：散入珠帘湿罗幕，狐裘不暖锦衾薄。

领诵2：将军角弓不得控，都护铁衣冷难着。

齐诵：瀚海阑干百丈冰，愁云惨淡万里凝。

齐诵：中军置酒饮归客，胡琴琵琶与羌笛。

齐诵：纷纷暮雪下辕门，风掣红旗冻不翻。

领诵1：轮台东门送君去，去时雪满天山路。

领诵2：山回路转不见君，雪上空留马行处。

在诵读中，教师予以朗读指导，正字音，明节奏，注感情。

（二）活动二：意味隽永品古诗

1. 解诗意

这首诗是围绕哪两个关键词来写的？

明确："雪"和"送"。诗人先写雪，后写送，又把雪和送结合起来写。

这首诗的画面感很强，诗中有画，你从哪一句能读出画来？

屏显示例：

从"北风卷地白草折，胡天八月即飞雪"中，我看到了北风呼啸着席卷胡地，将漫山遍野的白草刮折，才刚刚进入八月，胡地就已经大雪纷飞的画面。

从"＿＿＿＿＿＿，＿＿＿＿＿＿"中，我看到了＿＿＿＿＿＿的画面。

（学生发言，引导他们具体描述画面，不是赏析，不是翻译，这一环节意在感受全诗的内容意境。）

2. 画诗蕴

请每个小组选择下面三句诗中的一句，理解诗句所描绘的意境，画成一幅画。

备选诗句：

忽如一夜春风来，千树万树梨花开。

纷纷暮雪下辕门，风掣红旗冻不翻。

山回路转不见君，雪上空留马行处。

先小组讨论，完成设计方案。

选择的诗句	所画的意象	描述构图	画面传达的情感

学生作品展示，教师点评。

人类曾有过无数的送别，从《诗经》到唐诗宋词，再到当代的文学作品，这类题材占了很大的比例。但是，能够引起后世读者共鸣的，一定是送别过程中感人的细节，或许是故作坚强的微笑、看似洒脱的转身，或者是依依惜别的眼神、亲切又悲凉的嘱托、慢慢消失在街头转角处的熟悉的背影……这些细节是人人都经历过的，人人所共有的，所以能从心底打动读者，引发强烈共鸣。

3. 悟诗情

在这首诗中你读出了诗人怎样的一种感情？诗人对友人的不舍，是不是悲伤、低沉、无奈和痛苦的呢？

知人论世：链接背景资料

材料一：功名只向马上取，真是英雄一丈夫。

——岑参《送李副使赴碛西官军》

材料二：唐朝天宝年间，西北边疆一带战事频繁，许多文人也纷纷投入军人幕府，寻求个人发展。岑参怀着建功立业的志向，久佐戎幕，前后度过了六年艰苦的军旅生活。《白雪歌送武判官归京》是他第二次出塞期间，在轮台幕府中送友人回京时所写。

材料三：这就不是单纯的设喻的新颖奇特所能解释的，在它背后有更本质的、更内在的东西，那就是诗人对塞外军旅生活、对边塞奇异风光的热爱……透露出在艰苦环境中豪迈、乐观的精神。

——《唐诗选注评鉴》

明确：岑参在笔墨之间写的不仅是边塞的景观，更是自己为了实现人生理想而奋力追求功业的昂扬姿态和顽强的精神意志，也折射出盛唐开拓进取的时代风采。

（三）活动三：分门别类辑古诗

1. 忆诗：信手拈来话送别

这是一首边塞送别诗，我们学过的送别诗还有哪些呢？

2. 寻源：追根究底探源头

（1）缘起

古代由于交通不便，通信极不发达，亲人朋友之间往往一别数载难以相见，所以古人特别看重离别。离别之际，人们往往设酒饯别，折柳相送，吟诗话别，因此离情别绪就成为古代文人吟咏的一个永恒的主题。

（2）特点

送别诗常用的意象有长亭饮酒、古道相送、折柳赠别、夕阳挥手、芳草离情、枯蓬鸿雁等；诗歌题目通常有"赠、别、送"等字眼；内容常为故乡之别、夫妻之别、亲人之别、友人之别，也有同僚之别，甚至匆匆过客之别；所用的手法常常是直抒胸臆或借景抒情、对比衬托、虚实结合；其艺术特点，有的格调豪放旷达，有的委婉含蓄，有的词浅情深；代表诗人有李白、王维、王昌龄、王勃、苏轼等。

（3）类别

虽为送别题材，但在情感上也略有不同，大致可以分为以下几类。

① 表达对离人眷恋不舍、依依惜别之情，以及朋友间的真挚情意，如王维《送元二使安西》、李白《送友人》、白居易《南浦别》、柳永《雨霖铃》等。

② 诗作内容以叮咛、称颂、劝慰勉励友人为主，兼抒别情，如王勃《送杜少府之任蜀州》、高适《别董大》、李白《赠汪伦》等。

③ 借送别来发泄胸中的积愤或表明心志，如李白《梦游天姥吟留别》、王昌龄《芙蓉楼送辛渐》等。

④ 借送别表达思古之情，如骆宾王《于易水送人》等。

⑤ 以送别为名，实为写景或抒发其他情感，如李白《渡荆门送别》、白居易《赋得古原草送别》、杨万里《晓出净慈寺送林子方》等。

⑥ 在离别之意中渗透着作者的身世际遇和人生感慨，即寄无限人生感慨于依依惜别之中，如李白《宣州谢朓楼饯别校书叔云》、岑参《白雪歌送武判官归京》。

3. 化用：谈古论今道感悟

相聚和别离，是我们的千古话题。还有两个多月，同学们就要毕业分别了，请你化用我们学过的古诗，为你的好朋友写一段毕业赠言吧！

（四）布置作业

（1）背诵诗歌。

（2）写一写你印象中最深刻的一次离别的情景，要求进行细节描写，不少于200字。

再走老山界，重温革命情

——《老山界》

一、教学目标

（1）整体感知课文内容，学习课文按时间变化和地点转移记叙事件、安排层次的方法。

（2）体会红军战士不怕艰难险阻的顽强意志和革命乐观主义精神。

二、课前预习

熟读课文，查阅资料，了解老山界及红军翻越老山界的背景。

三、课堂教学

（一）活动一：重走长征路，绘制行军图

二万五千里长征，是中国历史上的一次壮举，震惊中外。老山界是"长征中所过的第一座难走的山"，红军翻越老山界时备尝艰辛，历经磨难，因此老一辈无产阶级革命家陆定一同志为此

写下著名篇章《老山界》。老山界现建有红军亭和老山界碑，是一处四季风景如画的革命旧址和传统教育基地，并入选首批全国100个红色旅游经典景区，不少游客慕名而来。同学们，今天你们就要化身小导游，带游客重走老山界，重温那一段艰苦又难忘的岁月。

阅读课文，勾画文中表示时间和地点的词，概括课文内容，绘制红军翻越老山界的简易地图。

（二）活动二：讲述途中插曲，体会难忘经历

在翻越老山界的过程中，哪些地方让你印象最深刻？请你选择一处讲给游客听，让游客体会红军战士的精神品质。

示例：

红军战士在翻越老山界时，面对如此陡峭的大山，不由得浑身紧张，但是却丝毫没有退却，"不要掉队呀！""不要落后做乌龟呀！""我们顶着天啦！"他们居然还能这样互相鼓劲，开怀大笑（概括原文内容），让我们感受到了红军战士的坚强、勇敢，和他们心中洋溢着的革命乐观主义精神。（性格品质或精神）

（三）活动三：文创手提袋DIY，歌颂红军革命精神

结束了一天的旅游，旅行社安排游客参加文创店手提袋的DIY题字活动。文创店只给出了上联，请你结合课文内容，任选其中一联，补写下联。

（1）翻越老山界革命精神永垂千古；＿＿＿＿＿＿＿＿＿＿。（攀上雷公岩英雄气魄荡气回肠）

（2）瑶寨家里，稀粥一碗心头暖；＿＿＿＿＿＿＿＿＿＿。

（雷公岩上，篝火几堆方向明）

（四）布置作业

本课的景物描写非常精彩，借鉴课文"夜宿山腰"部分的景物描写，运用比喻、拟人、排比手法，写一段话，不少于150字。

把握议论性文章中作者的立场态度

——《就英法联军远征中国致巴特勒上尉的信》

一、教学目标

（1）读懂议论性文章中作者的立场和态度。

（2）学习雨果高尚的人道主义精神，做个有"正直良知"和"公正立场"的世界公民。

二、课前准备

（1）查阅资料，了解作者雨果。

（2）了解议论性文体的相关知识。

三、课堂教学

（一）活动一：【巴特勒的"赞誉"】一个强盗的自白

默读课文，推测巴特勒给雨果的信中写了什么内容，将你的依据在文中用横线勾画出来，并思考作者对此持什么态度。

勾画：

① 你认为这次远征是体面的，出色的。

② 在你看来……对中国的远征，是由法国和英国共同分享的光荣。

③ 你很想知道，我对英法的这次胜利会给予多少赞誉。

明确：巴特勒给雨果的信中表达了对远征中国的扬扬得意，并希望得到雨果的赞誉。雨果对此持相反态度，作者连用"你"突出这只是对方的立场，表明了自己的不同立场。读懂议论性文章中作者的立场态度，要关注评价性的语句。

（二）活动二：【雨果的"赞誉"】赞誉与批判齐飞

快速浏览课文第5—10段，圈出带有作者强烈情感态度的词语或句子，看看这封书信主要表达了作者什么观点态度？

勾画：

强盗、闯、洗劫、行窃、劫掠、制裁、赃物、天真、掠夺、偷窃、窃贼、更彻底、更漂亮、丰功伟绩、收获巨大、手挽手、笑嘻嘻

明确：这里运用了一些表达作者强烈情感态度的词或反语，谴责英法联军侵略中国的罪行，表达了作者强烈的愤怒和不满之情。

任务一：设计朗读脚本，明确立场态度

请在第5—10段任选一处设计一份朗读脚本，想想要怎样才能读出作者鲜明的立场态度。

（角度：重音、语调、节奏等的处理。）

朗读脚本示例：

朗读内容	重音	节奏	语调、感情
丰功伟绩！收获巨大！两个胜利者，一个塞满了腰包，这是看得见的，另一个装满了箱箧	丰功伟绩 收获巨大 塞满 装满	前两句稍快，后一句慢读	前两句要读得深沉，带有强烈的愤怒之情；后一句读得轻缓一些，带有讽刺之情

读懂议论性文章中作者的立场态度，要关注富有表现力的词语或句子。

任务二：补写一首小诗，感受作者立场

阅读第3、4段，用横线勾画作者评价和描绘圆明园的句子，补写下面赞美圆明园的小诗，体会作者的情感态度。

消失的奇迹

在世界的某个角落

有一个奇迹

这个奇迹叫圆明园

它是用大理石，用玉石，用青铜，用瓷器

建造的一个梦

在这个梦里

有宝石，有琉璃，有珐琅，有黄金，有脂粉

有花园，有水池，有喷泉，有天鹅、朱鹭和孔雀

它在幻想艺术中的地位就如同巴特农神庙在理想艺术中的地位

它是 _____

它是 _____

它是 _____

它是 _____

可是

这个奇迹已经消失了

两个野蛮的强盗

让这个奇迹消失了

示例：

在世界的某个角落

有一个奇迹

这个奇迹叫圆明园

它是用大理石，用玉石，用青铜，用瓷器

建造的一个梦

在这个梦里

有宝石，有琉璃，有珐琅，有黄金，有脂粉

有花园，有水池，有喷泉，有天鹅、朱鹭和孔雀

它在幻想艺术中的地位就如同巴特农神庙在理想艺术中的地位

它是幻想的某种规模巨大的典范

它是世世代代的结晶

它是某种令人惊骇而不知名的杰作

它是亚洲文明的剪影

可是

这个奇迹已经消失了

两个野蛮的强盗

让这个奇迹消失了

明确：作者盛赞圆明园，表达对圆明园消失的极大遗憾和惋

惜，突出作者对英法联军野蛮劫掠行径的愤恨和鄙视。读懂议论性文章中作者的立场态度，要关注反语、对比等写作手法。

（三）活动三：【我们的"赞誉"】正直与良知共存

雨果是法国人，但对法国的"胜利"没有喜悦，没有赞美，而是站在正义和良知的立场上揭露和批判了这次"胜利"的残酷真相。这正是雨果的伟大之处。请你给雨果写一封短信，表达你对他的赞誉之情，注意书信的格式。

（四）课堂小结

如何读懂议论性文章中作者的立场态度：

（1）关注评价性的句子；

（2）关注富有表现力的词或句子；

（3）关注反语、对比等表现手法。

（五）布置作业

课外阅读叶匡政的《舍弃，也是一种尊严》，就此文谈谈你的观点态度，不少于200字。

台阶上的父亲

——《台阶》

一、教学目标

（1）整体感知，把握小说的主要情节。

（2）通过品味细节描写，把握父亲形象的特点。

（3）理解小说结尾的深刻含义，探究小说的主题。

二、课堂教学

（一）活动一：讲剧本，知情节

父亲节即将来临，学校开展拍摄微电影《父亲》的活动，班级同学想将课本中李森祥的《台阶》改编为剧本进行拍摄。接下来让我们一起走进课文，看看课文讲述了一个怎样的父亲的故事。

速读课文，用一句话概括课文的主要内容。

（二）活动二：拍特写，析人物

为了更好地展现父亲的人物形象，导演组准备对父亲进行人物特写拍摄。你会提出怎样的建议？

阅读提示：小说围绕父亲和台阶，有许多生动传神的细节描写，聚焦细节，体会人物形象。

教师示例：

我推荐对"父亲浮在深秋雾里踏黄泥"的这一细节描写进行特写拍摄："那时已经是深秋，露水很大，雾也很大，父亲浮在雾里。父亲头发上像是飘了一层细雨，每一根细发都艰难地挑着一颗乃至数颗小水珠，随着父亲踏黄泥的节奏一起一伏。晃破了便滚到额头上，额头上一会儿就滚满了黄豆大的露珠。"

因为"浮""挑""滚"这几个动词，生动形象（效果）地写出了雾气之大，说明父亲在大雾中踏黄泥的辛苦，表现出父亲的勤劳能干和对建新屋的执着追求（品质精神），流露了作者对父亲的怜惜之情（情感）。

所以，我建议将"父亲浮在深秋雾里踏黄泥"的细节作为特写拍摄出来，突显父亲吃苦耐劳的品质。

（三）活动三：品结尾，探主旨

父亲一辈子的愿望就是建一座高屋，最后屋建成了，父亲却老了。你认为小说的结尾是一个喜剧的结局还是悲剧的结局？结合文章内容谈谈你的看法。

资料助读：

关于这个结局，作者李森祥曾说过：关于小说的结尾，当初我的确没有把它当作悲剧来处理。在中国乡村，一个父亲的使命也就那么多，或造一间屋，或为子女成家立业，然后他就迅速地衰老，并且再也不被人关注，我只是为他们的最终命运而惋惜，这几乎是乡村农民最为真实的一个结尾。但是，即使富裕起来的农民，他们最终的命运会不会有所改变呢？我个人仍然认为不能！这就牵扯到另外一个层面，如人生的两难，中国传统文化中的一些顽疾……当然还包括生命的终极目的等。

父亲圆满地实现了改善居住环境的生活愿望，但身体衰老、远离劳动，让父亲倍感失落。父亲穷尽自己的一生，为家庭、为子女、为一栋新屋而奋斗，却唯独没有为自己而活。文章结尾，父亲的愿望看似实现了，却也没有实现。骨子里的质朴和谦卑，让他在高大的新屋面前不自在，父亲并没有因为高大的新屋盖成而感觉自己的地位高起来，反而急速的衰老让他失去了往日的精气神，他失去了人生的价值和方向，没有精力和勇气再次出发了。

小说通过叙述父亲终年辛苦，终于造起了有九级台阶的新屋，实现了一辈子的心愿，父亲却也老了的故事，表达了对父亲坚韧不拔、吃苦耐劳等优秀品质的敬仰和赞叹，同时也对父亲身上的中国传统农民所特有的谦卑表示同情，对改变农村的面貌寄予希望。

（四）布置作业

推荐阅读李宣华的《山一样的屋顶》，分析两文中的"父亲"有什么相同之处。

从文学情境中的意象谈诗歌鉴赏

——以"月"意象为例

一、教学目标

（1）诵读诗文，整体感知，了解苏轼的家国情怀。

（2）品读诗文，合作探究，找出学过的含有"月"意象的诗词。

（3）延伸阅读，对比研讨，了解"月"意象的传统文化内涵。

二、教学重难点

教学重点：放飞想象，融合情感。

教学难点：放飞想象，合作探究。

三、教学准备

（1）学生查找资料，熟读诗歌，理解诗意。

（2）教师准备：课件、平板电脑。

四、教学方法

根据诗词的教学规律和诗词独有的语言情感特色，采用自主、合作、探究的学习方式进行课堂教学。

五、知识小锦囊

意象：意象就是（物）象与（情）意的组合。即诗中的形象，它不仅包含人物形象，也包括诗中所写的景和物，还包含了作者的情思。诗歌意象因物象的不同，有的是景，有的是物，有的是事，有的是人。

——上海交通大学附属中学李支舜《浅谈古诗词鉴赏中的意象和意境》

六、课堂教学

（一）读诗（词）

水调歌头

苏 轼

丙辰中秋，欢饮达旦，大醉，作此篇，兼怀子由。

明月几时有？把酒问青天。不知天上宫阙，今夕是何年。我欲乘风归去，又恐琼楼玉宇，高处不胜寒。起舞弄清影，何似在人间。

转朱阁，低绮户，照无眠。不应有恨，何事长向别时圆？人有悲欢离合，月有阴晴圆缺，此事古难全。但愿人长久，千里共婵娟。

（1）读这首词，你能读到作者什么样的情感？

思念。

（2）他的思念之情是通过什么意象来表达的？

月。

（3）读一读含"月"意象的古诗词。

《闻王昌龄左迁龙标遥有此寄》李白：我寄愁心与明月，随君直到夜郎西。

《峨眉山月歌》李白：峨眉山月半轮秋，影入平羌江水流。

《游山西村》陆游：从今若许闲乘月，拄杖无时夜叩门。

《泊秦淮》杜牧：烟笼寒水月笼沙，夜泊秦淮近酒家。

《渡荆门送别》李白：月下飞天镜，云生结海楼。

《夜上受降城闻笛》李益：回乐烽前沙似雪，受降城外月如霜。

《观沧海》曹操：日月之行，若出其中。

《竹里馆》王维：深林人不知，明月来相照。

《商山早行》温庭筠：鸡声茅店月，人迹板桥霜。

《无题》李商隐：晓镜但愁云鬓改，夜吟应觉月光寒。

《月夜忆舍弟》杜甫：露从今夜白，月是故乡明。

（二）赏"月"意

思念：亲人、友人、恋人、故乡

（三）析诗词

（1）诗人是怎样借助意象表达自己的思念之情的？

把情感附着在意象上，通过"月"传递自己的思念之情。

（2）赏析。

例句：明月几时有？把酒问青天。（修辞、用典）

李白在《把酒问月》诗中说:"青天有月来几时?我今停杯一问之。"这首词里,苏轼化用了李白的这句诗,他把青天当作自己的朋友,赋予青天人格。

"明月几时有"是一个问句。他问谁?问明月,其实也是自问,无言孤寂,却伶仃凄清。同时似乎又是在追溯明月的起源,明月从什么时候开始有的呢?这可是关于明月起源的问题了。从诗句中能感到诗人对明月的赞美与向往。

(3)学生赏析:但愿人长久,千里共婵娟。

(四)明手法

鉴赏方法:修辞手法、写作手法。

(五)解诗(词)

黄鹤楼

崔 颢

昔人已乘黄鹤去,此地空余黄鹤楼。

黄鹤一去不复返,白云千载空悠悠。

晴川历历汉阳树,芳草萋萋鹦鹉洲。

日暮乡关何处是?烟波江上使人愁。

春夜洛城闻笛

李 白

谁家玉笛暗飞声,散入春风满洛城。

此夜曲中闻折柳,何人不起故园情。

逢入京使

岑 参

故园东望路漫漫，双袖龙钟泪不干。

马上相逢无纸笔，凭君传语报平安。

行军九日思长安故园

岑 参

强欲登高去，无人送酒来。

遥怜故园菊，应傍战场开。

夜上受降城闻笛

李 益

回乐烽前沙似雪，受降城外月如霜。

不知何处吹芦管，一夜征人尽望乡。

商山早行

温庭筠

晨起动征铎，客行悲故乡。

鸡声茅店月，人迹板桥霜。

槲叶落山路，枳花明驿墙。

因思杜陵梦，凫雁满回塘。

渔家傲·秋思

范仲淹

塞下秋来风景异，衡阳雁去无留意。

四面边声连角起，千嶂里，长烟落日孤城闭。

浊酒一杯家万里，燕然未勒归无计。

羌管悠悠霜满地，人不寐，将军白发征夫泪。

渡荆门送别

李 白

渡远荆门外，来从楚国游。

山随平野尽，江入大荒流。

月下飞天镜，云生结海楼。

仍怜故乡水，万里送行舟。

春 望

杜 甫

国破山河在，城春草木深。

感时花溅泪，恨别鸟惊心。

烽火连三月，家书抵万金。

白头搔更短，浑欲不胜簪。

（1）诗人借用常见的意象表达思念之情。

如"孤城""雁""书""夕阳""酒""日暮""故园""月""玉笛""羌管""水"等。

（2）赏析的方法。

赏析意象意境、作品背景、作者经历、诗人朝代、作者风格、修辞手法、写作手法等。

（六）学以致用

请你任选一种意象，表达你对同学（老师、家乡）的思念之情。

（七）布置作业

（1）积累表示"思念"主题的古诗词名句。

（2）尝试在你的习作中运用这些诗句。

沉醉山水田园情境中的陶渊明

——以《归园田居（其三）》为例

一、课文解读

公元405年，陶渊明在江西彭泽做县令，仅仅八十多天，因为不愿"为五斗米折腰向乡里小儿"，便挂印回家，从此开始了彻底的隐居生活，此后再没有出仕，终老田园。归隐田园的第二年，陶渊明写下了《归园田居》诗一组，共五首，本诗是组诗中的第三首。诗歌所反映的深刻思想、精湛圆熟的艺术技巧，不仅被研究陶渊明的学者重视，更为我们学习陶渊明的山水田园诗打开了一扇大门。

"种豆南山下，草盛豆苗稀"，起句平实自然，浅显易懂。这两句写诗人归隐田园后在南山的山脚下种了一片豆子，那里土地荒芜，草长得茂盛，豆苗却稀稀落落的。即便如此，诗人却坚持"晨兴理荒秽，带月荷锄归"，为了豆田不荒芜，秋后有收成，诗人每天早早就下田，到月亮升起来才扛着锄头回家，披星戴月地忙碌着。"道狭草木长，夕露沾我衣"，田间小路道窄草深，夕露沾湿衣服。田间劳作辛苦，诗人却从中体会到劳动的快乐。"衣沾不足惜，但使愿无违"，意思是衣服湿了有什么好可惜的呢？只要不违背躬耕隐居的理想愿望，不违背我的内心，农活再苦再累又有何惧。"夕露沾衣"就更不足为"惜"了。

对于诗人来说，选择出仕做官，虽有俸禄保证其生活，可是必须违心地与世俗同流合污；选择归隐田园，就要靠躬耕劳动维持生存，但这样可以做到任性存真，坚持操守。诗人选择后者，宁可肉体受苦，也要保持心灵的纯洁。

二、教学目标

（1）诵读诗文，整体感知，了解陶诗的音乐美、画面美、情境美。

（2）品读诗文，合作探究，学习陶诗的诗蕴、诗情、诗风。

（3）延伸阅读，对比研讨，感悟田园诗歌成因、影响、迁移。

三、教学重难点

教学重点：放飞想象，融合情感，领会陶诗的音乐美、画面美、情境美。

教学难点：品读诗文，合作探究，领会陶诗的诗蕴、诗情、诗风。

四、教学准备

（1）学生查找资料，据诗绘画，了解背景，熟读诗歌，理解诗意。

（2）教师准备：课件、微课、平板电脑、答题器。

五、教学方法

根据诗词的教学规律和本文独有的语言情感特色，采用自主、合作、探究的学习方式进行课堂教学。

六、教学依据

（1）课程标准指出，欣赏文学作品，有自己的情感体验，初步领悟作品的内涵；品味作品中富于表现力的语言；对作品中感人的情境和形象，能说出自己的体验；阅读教学要重视朗读；要充分激发学生的主动意识和进取精神，倡导自主、合作、探究的学习方式。因此，在教学中，笔者确定以情感人，以读带动，以师为主导，以生为主体的指导思想，引导学生完成本课的学习任务。

（2）课程标准还指出，培养学生高尚的道德情操和审美情趣，形成正确的价值观和积极的人生态度是语文教学的重要内容。因此，我们要从语文教育的人文精神入手，引导学生通过阅读作品产生情感体验，激发学生对山水田园的热爱，对自食其力、平淡生活的热爱，从而领悟作者的人生价值观和安贫乐道的精神。

（3）本单元的教学要求指出，学习诗歌，要在反复诵读的基础上，体会诗歌平淡之中见神奇、朴素之中见绮丽的语言魅力。本诗中，陶渊明首次把农村生活和田园风光作为审美的第一视角，把农业劳动作为淳朴的生活方式，并歌颂其美的意趣，为后人开辟了一片意味独特的空间。因此，通过本课的学习，我们还要培养学生从生活中攫取写作、创作素材的能力，实现"艺术来源于生活而又高于生活"，体现"素材学习"这一语文教育的特点。

七、教学策略

（1）上课前，引用2019年高考语文试卷的作文题目，吸引学生注意力，引导他们投入本课学习。

（2）在本课的教学中，"读"是学习的一个重要手段，笔者采取的方式有示范读、指名读、小声读、选择读、默读、齐读等。教师通过"读"来激发和引导，学生通过"读"来认知和感受，作品通过"读"来再现和升华。

（3）"授人以鱼不如授人以渔"，为了让学生掌握学习诗词的基本方法和技能技巧，养成良好的自学习惯，笔者按"品读—品析—感悟"的步骤引导学生学习，并采用小组讨论的方式，营造对话、交流、沟通的氛围，在讨论中开拓思维，培养合作、探究精神。

（4）在教学设计中，笔者还利用语文课程资源，将多媒体引入语文课堂，发挥其对语文课堂教学的辅助作用，以拓展教学时空，丰富语文教学的内容，提高学生学习的效率。

八、课堂教学

（一）诗心慧眼入生活

"民生在勤，勤则不匮"，劳动是财富的源泉，也是幸福的源泉。"夙兴夜寐，洒扫庭内"，热爱劳动，是中华民族的优秀传统，绵延至今。

这是2019年全国高考一卷的作文题目节选，而1600多年前的一位封建士大夫，就已经先知先觉地具有了这样的劳动幸福观。

（二）自由浪漫读诗情

1. 自由闲适地读

根据预习，查找资料，听从内心，自由闲适地读。要求声音洪亮，咬字清晰，情感自然，不读错字，不漏字，不换字。

2. 吟咏画意地读

要求娓娓道来，如画如诗，长音短调，带点儿古味，具有节奏美、音韵美、画面美。

3. 贴近诗情地读

要求读出诗人放下尘世喧嚣，归隐田园，躬耕劳动，以此自得其乐的情感。

（出示作者的写作背景和平淡质朴的诗风：陶渊明诗歌很少用夸张的手法、华丽的辞藻和对仗、典故，往往一切如实说来。描写的景物，是生活中最平常的事物，如村庄、鸡犬、豆苗、桑麻、小巷等，然而这些在诗人笔下看似平平淡淡寻常的意象，若细细推敲，却平淡之中可见绮丽，别有一番使人赏心悦目的情味。陶渊明代表作有《归去来兮辞》《饮酒》《归园田居》《桃花源记》等。）

小结过渡：通过我们的读，你有哪些收获？谁能综合解说一下这首诗的读法？

（苏轼曾这样评价陶渊明："欲仕则仕，不以求之为嫌；欲隐则隐，不以去之为高。饥则扣门而乞食；饱则鸡黍以延客。古今贤之，贵其真也。"陶渊明用他的真，用他的情，用他的心，为我们描摹了一幅田园风光的画卷，让我们一起走近这幅画，去领略他诗歌中的诗蕴、诗情、诗风。）

（三）意味隽永品陶诗

1. 赏诗：我耳听诗意

（1）采用小组合作方法，分析诗意。（教师示例：甲："种豆南山下，草盛豆苗稀。"乙："诗人归隐田园后在南山的山脚下种了一片豆子，那里土地荒芜，草长得很茂盛，可是豆苗却稀稀疏疏的。"）

（2）如果把这些内容在脑海里再现一次，你的眼前会浮现哪些画面？

2. 画诗：我手画诗蕴

透过这一幅幅图画，你能听到诗人的心声吗？你能感悟到诗人的心愿吗？

3. 析诗：我口析诗情

"衣沾不足惜，但使愿无违"，"愿"又具体是什么？作者创作本诗的初衷是什么呢？（"愿"具体指按照自己的意愿生活，不想在那污浊的现实世界中失去自我，即使做一个农夫也比在官场"为五斗米折腰"强。）

（陶渊明的诗歌充满了感情，但他的感情清明、淡远。梁启超在评价陶渊明的时候说："自然界是他爱恋的伴侣，常常对着他笑。"我们一起领略一下对他笑的那部分山水田园诗。）

4. 悟诗：我心悟诗风

饮酒（其五）

结庐在人境，而无车马喧。

问君何能尔？心远地自偏。

采菊东篱下，悠然见南山。

山气日夕佳，飞鸟相与还。

此中有真意，欲辨已忘言。

《归去来兮辞》、《桃花源记》、《归园田居》组诗、《饮酒》组诗。（诗歌另附）

（陶渊明诗歌题材和内容贴近平淡的日常生活，诗歌的形象也往往取自习见常闻的事物，而且是直写其事，不假雕琢，不尚辞采。陶渊明田园诗中虽有深厚的意蕴，却只以淡淡的白描和真情实感，烘托出诗的艺术形象和意境，然而平淡之中见神奇，朴素之中见绮丽。这种美学境界在他的那个时代是前所未有的，是开创性的，因此陶诗对后世的影响是深远的：李白的"安能摧眉折腰事权贵"，和陶渊明"不为五斗米折腰"的精神，是一脉相承的。欧阳修盛赞《归去来兮辞》说："晋无文章，唯陶渊明《归去来兮辞》。"）

（四）源远流长田园诗

1. 忆诗：记忆中的田园诗

打开记忆的闸门，一幅幅画面、一首首诗歌喷涌而出，这些年我们都学过哪些山水田园诗歌呢？（学生用抢答器抢答）

游山西村

陆 游

莫笑农家腊酒浑，丰年留客足鸡豚。

山重水复疑无路，柳暗花明又一村。

箫鼓追随春社近，衣冠简朴古风存。

从今若许闲乘月，拄杖无时夜叩门。

王维《山居秋暝》《竹里馆》；李白《早发白帝城》；孟浩然《过故人庄》；韦应物《滁州西涧》。（诗歌另附）

（我们沉醉在这些优美的山水田园诗中，也不要忘记了去探寻诗人的精神家园。）

2. 寻源：追根究底探源头

这么多诗人都像陶渊明一样，有着田园情怀，你知道背后的原因吗？

因为诗人们经过宦海沉浮之后，不能实现自己的理想，对现实失望后，转而投入田园生活，在田园中寻找自己的精神家园。

（诗人在出世入世中徘徊，在理想与现实中彷徨，在政治上失意，却在精神上留下巨额财富。）

3. 论道：谈古论今道感悟

今天的我们，怎么看待这些诗人的田园情怀呢？

一方面，他们归隐田园之后，远离了黑暗的政治，实现了心灵的解脱，创作了大量的文学作品，给后人留下了大量的名篇佳作。

另一方面，他们的归隐田园是一种悲哀的淡出，是对现实深沉的愤慨，也是一种逃避现实的做法。

（元好问说"一语天然万古新，豪华落尽见真淳"，巍巍南山，酒话桑麻，深林明月，春潮野渡，水穷云起，诗人在喧嚣的环境下始终保持内心的宁静，不受尘世纷争的干扰，与天地万物合一，真正实现了物我两忘，人生若此，夫复何求。）

（五）拓展迁移仿诗文

（1）将《归园田居》用散文的形式改写成《我心中的田园》，将它写充分、完整。

（2）推荐阅读：《归去来兮辞》《五柳先生传》《陶渊明传》。

结语：田园诗既是封建士大夫报国无门的无声抗争，又是一曲封建文人苍凉的悲壮之歌，更是他们恨世厌俗的铁骨发出的铮铮亢音。陶渊明的人格、志向、诗情，给后世文学留下了无价的瑰宝，为古典诗歌开辟了一个新的境界。也愿我们找到自己心中的田园，笑看风云变幻，享受云卷云舒。

走进烽火硝烟的文人边塞诗

——以《雁门太守行》为例

一、教学目标

（1）熟读成诵，理解诗意。

（2）了解诗歌背景，在欣赏边塞风光的同时，感悟作者的
情感。

（3）培养学生保家卫国、建功立业的情怀。

二、教学重难点

教学重点：了解诗歌背景，在欣赏边塞风光的同时，感悟作
者的情感。

教学难点：培养学生保家卫国、建功立业的情怀。

三、课前准备

收集整理边塞诗歌、制作PPT。

四、课堂教学

（一）诗歌导入

有一位诗人，他青少年时，才华出众，名动京师，却因父避讳，不得科举，一生愁苦抑郁；他体弱多病，英年早逝；他虽有"天荒地老无人识"的感慨，但依然希望能够"收取关山五十州"。怀着誓死报国的衷心，他创作了《雁门太守行》。

走近诗人：

李贺父名晋肃，"晋""进"同音，他避父讳，不举进士。

在韩愈的争取下，李贺虽应举赴京，却未能应试，遭谗落第。

他后来做了三年奉礼郎，郁郁不平，因仕途失意，专心写诗。

他后来辞官归昌谷，在潞州停留，一生体弱多病，27岁逝世。

（二）初读诗歌

1. 创作背景（一读诗歌）

雁门太守行

［唐］李贺

黑云压城城欲摧，甲光向日金鳞开。

角声满天秋色里，塞上燕脂凝夜紫。

半卷红旗临易水，霜重鼓寒声不起。

报君黄金台上意，提携玉龙为君死！

关于此诗所作年份，有两种说法：一种说法是此诗作于唐宪宗元和九年（814年）。当年唐宪宗以张煦为节度使，领兵前往征讨雁门郡之乱（振武军之乱），李贺即兴赋诗鼓舞士气，作成了这首《雁门太守行》。

另一种说法，据唐张固《幽闲鼓吹》载：李贺把诗卷送给韩愈看，此诗放在卷首，韩愈看后也很欣赏，时在元和二年（807年）。

2. 走近《雁门太守行》（二读诗歌）

你能赏析一下这首诗吗？

首句既是写景，也是写事。"黑云压城城欲摧"，一个"压"字，把敌军人马众多、来势凶猛，以及交战双方力量悬殊、守军将士处境艰难等淋漓尽致地揭示出来。次句写城内的守军与城外的敌军对比，忽然风云变幻，一缕日光从云缝中透射下来，映照在守城将士的甲衣上，只见金光闪闪，耀人眼目。三、四句分别从听觉和视觉两方面铺写阴寒惨切的战地气氛。时值深秋，万木寥落，在一片死寂之中，那角声呜呜咽咽地鸣响起来，更显悲凉。鏖战从白天进行到夜晚，晚霞映照着战场，那大块大块的胭脂般鲜红的血迹，透过夜雾凝结在大地上，呈现出一片紫色，衬托出战地的悲壮场面，暗示攻守双方都有大量伤亡，守城将士依然处于不利的地位，为下面写友军的援救作了必要的铺垫。

"半卷红旗临易水"，"半卷"二字含义极为丰富，黑夜行军，偃旗息鼓，为的是"出其不意，攻其不备"；"临易水"既表明交战的地点，又暗示将士们具有"风萧萧兮易水寒，壮士一去兮不复还"的壮怀激烈的豪情。接着描写苦战的场面，驰援部队一迫近敌军的营垒，便击鼓助威，投入战斗。无奈夜寒霜重，连战鼓也擂不响。面对重重困难，将士们毫不气馁。"报君黄金台上意，提携玉龙为君死"，黄金台是战国时燕昭王在易水东南修筑的，传说他曾把大量黄金放在台上，表示不惜以重金招揽天下士。诗人引用这个故事，写出将士们报效朝廷的决心。

3. 品读《雁门太守行》（三读诗歌）

透过这更深露重的寒夜之战，你听到诗人的心声了吗？

"报君黄金台上意，提携玉龙为君死"：期待朝廷能够招揽贤才，自己能够被招揽，有建功立业的机会，能够誓死报国的心声。

景物：黑云、城、光、金鳞、角、胭脂、红旗、易水、红旗、霜、鼓。

将士的生活：环境艰苦。

战争的氛围：紧张、危机、激烈、沉重、肃杀。

创设意境：时间长——白天、傍晚、夜晚；背景阔大——天空、地面。

思乡感情：建功立业、誓死报国。

（三）深读诗歌

1. 你能总结出本诗的艺术特色吗？

内容上：着重写了边塞的军旅生活，塑造典型环境。语言上：采用浓墨重彩的语言来渲染紧张、激烈的战争，巧妙地运用比喻修辞手法。

形式上：善于渲染气氛，发挥想象力，创设阔大的空间。

2. 本诗中哪两句最能体现诗人的情感？

报君黄金台上意，提携玉龙为君死。

3. 这两句话表达了作者什么样的心声？

表达作者期待朝廷能够招揽贤才，自己能够被招揽，获得建功立业的机会，能够誓死报国的心声。

（四）延读诗歌

1. 搜寻记忆中的边塞诗歌

（学生依据景物描写、将士生活、战争氛围、创设意境、思想感情进行赏析。）

使至塞上

［唐］王维

单车欲问边，属国过居延。

征蓬出汉塞，归雁入胡天。

大漠孤烟直，长河落日圆。

萧关逢候骑，都护在燕然。

赏析：大漠孤烟直，长河落日圆。

描绘了边陲大漠中壮阔雄奇的景象，境界阔大，气象雄浑。这一联由两个画面组成：第一个画面是大漠孤烟。置身大漠，展现在诗人眼前的是这样一幅景象：黄沙莽莽，无边无际；昂首看天，天空没有一丝云影；不见草木，断绝行旅；极目远眺，但见天尽头有一缕孤烟在升腾，诗人的精神为之一振，似乎觉得这荒漠有了一点儿生气，那是烽烟，它告诉诗人，此行快要到目的地了。

烽烟是边塞的典型景物，"孤烟直"，突出了边塞气氛。从画面构图的角度说，在碧天黄沙之间，添上一柱白烟，成为整个画面的中心，自是点睛之笔。

另一个画面是长河落日。这是一个特写镜头。诗人大约是站在一座山头上，俯瞰蜿蜒的河道。时当傍晚，落日低垂，河水闪着粼粼的波光。这是怎样美妙的时刻啊！诗人只标举一个"圆"字，即准确地说出河上落日的景色特点。由于选取这样一个视角，恍然间，红日就出入于长河之中，这就平添了河水吞吐日月的宏阔气势，从而使整个画面更显得雄奇瑰丽。

白雪歌送武判官归京

[唐] 岑参

北风卷地白草折，胡天八月即飞雪。

忽如一夜春风来，千树万树梨花开。

散入珠帘湿罗幕，狐裘不暖锦衾薄。

将军角弓不得控，都护铁衣冷难着。

瀚海阑干百丈冰，愁云惨淡万里凝。

中军置酒饮归客，胡琴琵琶与羌笛。

纷纷暮雪下辕门，风掣红旗冻不翻。

轮台东门送君去，去时雪满天山路。

山回路转不见君，雪上空留马行处。

渔家傲·秋思

[宋] 范仲淹

塞下秋来风景异，衡阳雁去无留意。

四面边声连角起。千嶂里，长烟落日孤城闭。

浊酒一杯家万里，燕然未勒归无计。

羌管悠悠霜满地。人不寐，将军白发征夫泪。

出塞

[唐] 王昌龄

秦时明月汉时关，万里长征人未还。

但使龙城飞将在，不教胡马度阴山。

凉州词

[唐] 王之涣

黄河远上白云间，一片孤城万仞山。

羌笛何须怨杨柳，春风不度玉门关。

凉州词（其一）

[唐] 王翰

葡萄美酒夜光杯，欲饮琵琶马上催。

醉卧沙场君莫笑，古来征战几人回？

从军行（其四）

[唐] 王昌龄

青海长云暗雪山，孤城遥望玉门关。

黄沙百战穿金甲，不破楼兰终不还。

2. 边塞诗歌特色

（1）题材广

一方面围绕边塞将士取材，如将士建立军功的壮志、边地生活的艰辛、战争的残酷场面、将士的思家情绪等；另一方面可写边塞风光。

（2）象宏阔

大处落笔，写奇情壮景。

（3）调昂扬

气势流畅，富有崇高感。

3. 探寻唐代诗人创作边塞诗歌的情怀

一方面在于唐朝强大的边防和高度自信的时代风貌；另一方面在于建功立业的壮志和"入幕制度"的刺激，唐朝文人普遍投笔从戎，赴边求功，正如杨炯诗句所写"宁为百夫长，胜作一书生"。

今天的我们，怎么看待唐人的边塞情怀？

一方面，诗人渴望保家卫国，为国建功立业，积极投身到边塞。

另一方面，这也是他们仕途不顺后的一种选择，常规的科举无法进入仕途，就投身幕府，既实现了保家卫国的理想，又开阔了创作的视野，创作了大量的文学作品，给后人留下了大量的名篇佳作，成为文学史上浓墨重彩的一笔。

（五）拓展诗歌

你是否也有一种"黄沙百战穿金甲，不破楼兰终不还"的豪情壮志？

你是否也想去领略一下"大漠孤烟直，长河落日圆"的边塞奇景呢？

你是否曾有过"人不寐，将军白发征夫泪"的思乡之情呢？

请你拿出笔，从所给的诗歌中任选一句诗，进行一个片段描写，可以写景，也可以抒情，可以实写，也可以虚写。

（六）布置作业

（1）阅读《高适岑参集》。

（2）整理本课的古诗词，加强记忆。也可以收集整理更多的诗歌作为积累。

（3）完善、修改课堂作文。